Se faire aimer de tous *mais* sans efforts

Dans la même collection

Maman mais avec une vie

Changer sa vie mais en mieux

Un orgasme mais avec son mec

Se faire aimer de tous mais sans efforts

les Ginettes présentent

Se faire aimer de tous *mais* sans efforts

J'AI LU
Bien être

Chapitre 4 – *Être aimée de sa famille*

Chapitre 5 – *Être aimée de ses amis*

Chapitre 6 – *Être aimée d'un homme (et le garder)*

Chapitre 7 – *Être aimée au travail*

Chapitre 8 – *Être aimée dans son quartier*

Chapitre 9 – *Alors, aimée ?*

Note d'intention

Cette collection, amies lectrices, nous l'avons voulue tellement... tellement... Comment on l'a voulue déjà, cette collection, Ginette ? Oui, c'est ça : nous l'avons voulue tellement. Au sens de « très fort ». Pardonnez-nous mais nous sommes un peu émues. Nous, les Ginettes, sommes fraîchement parents d'une jolie petite fratrie de livres, et maintenant voilà, l'heure est venue de les lâcher dans la nature pour qu'ils viennent à votre rencontre. En parents aimants, nous lançons donc à chacun d'entre eux un petit signe de la main tout en dissimulant une larmiche d'émotion...

★ ***Qui sommes-nous ?*** Les Ginettes.

★ ***À quoi ressemblons-nous ?*** À vous, comme deux gouttes de rosé.

★ ***D'où venons-nous ?*** De la presse, mais aussi de chez nos copines, des terrasses, du kiosque à journaux, des squares, de conférences, de Carrefour Express, des bancs publics, de la fourrière…

★ ***Où allons-nous ?*** Vers vous (enfin si on récupère notre voiture). Vers toutes celles qui veulent savoir en riant, s'informer en se divertissant. Vers les femmes en quête d'astuces, de bons plans, de conseils et de nouveautés. Celles qui croient dur comme trône de fer que l'on apprend de soi, des autres, de ses réussites mais aussi de ses échecs. Celles qui ne pensent à la vie qu'avec plaisir et bonne humeur.

★ *Quelles sont nos intentions ?* Excellentes. Vous faire partager tout ce que l'on sait. Plus tout ce que savent les gens qui savent encore mieux que nous. Et être le plus honnêtes possibles zéro tabou, zéro chichi, zéro leçon de morale. Sincères à 100 %. Mais aussi :

NOS INTENTIONS	ILS TÉMOIGNENT…
Toucher un chèque et vendre à plus de gens qu'à notre famille et nos amis	« Les filles, soyons claires : je joue mon job sur cette collection. Par ailleurs, vous avez obtenu un chèque très correct. Alors maintenant, vous avez intérêt à être informatives, drôles et à ramener du chaland. C'est bien compris les deux comiques ? » (Dorothée R., éditrice)
Toucher les lectrices. Les faire passer du rire aux larmes, de l'astuce à l'analyse, de l'expérience à la tendance	« Les Ginettes m'ont beaucoup touchée. Avec elles, je suis passée du rire aux larmes, de l'astuce à l'analyse, de l'expérience à la tendance. » (Dorothée R., soulagée car toujours en poste)
Travailler en terrasse	« Sans mentir, elles étaient là tous les jours. Mais encore plus de 18 à 20 heures. Pour l'happy hour... » (Dédé le Saumur, patron du Comptoir du Zinc)

Tout donner à son public	« Ah ça, elles se sont investies à fond ! Elles ont enquêté, ont synthétisé leurs expériences, ont interviewé qui de droit pour trouver les solutions à tous les problèmes. » (Lola, 4 ans et Gabriel, 3 ans et demi, les enfants des Ginettes)
Rire	« Ce n'est pas qu'elles ne soient pas sympas mais on les entendait s'esclaffer jusque chez Flammarion Thriller (au 7e étage). On a supporté… pour les futures lectrices… » (Jocelyn R., directeur de J'ai lu)
Remettre à la mode le prénom Ginette	« Moi, depuis qu'elles sont arrivées ces deux-là, ma vie a été chamboulée. Je suis enfin fière de m'appeler Ginette ! » (Ginette Pouldieu, retraitée accro au macramé, présidente du Club des Ginettes de Montcuq)
Se venger de nos précédents employeurs	« Quand on a eu vent de leur collection révolutionnaire, on a un peu flippé alors on a fait une réunion. Puis une autre pour être bien sûrs de ce qu'on s'était dit la première fois. Puis une troisième pour résumer les deux précédentes. Vous savez, on les aime beaucoup, les Ginettes. Elles sont un peu comme nos enfants : on leur a tout appris et donné plein d'argent de poche ! À la réflexion, c'était dommage de se quitter comme ça. Dites, vous savez, vous, si elles préparent un livre sur le monde du travail ? Non, pour rien… » (Des gens en costard avec des badges) →

Se venger de nos ex	« Tu les as vues interviewées par Yann Moix chez Ruquier ? ! Et tu les as entendues ce matin chez Bourdin ? La thune qu'elles doivent se faire, les pét... les Ginettes ! Tu te souviens quand elles nous empruntaient même de l'argent pour les pourboires au Comptoir du Zinc ? » (Jean-Aigre et Marc-Remords, devant leurs nouvelles compagnes moins belles, moins marrantes et plus fauchées – en toute objectivité.)
Faire des tableaux avec des colonnes et des lignes !	« Une passion ! » (les Ginettes)

Avant-propos

Cette chaleur diffuse et agréable qui nous envahit, cette légèreté des premiers jours du printemps, cette envie de sourire au monde y compris aux contractuelles, cette soudaine confiance en soi retrouvée… Être aimée (en général on veut dire, pas forcément par un homme) n'est pas bon, être aimée est délicieux. Être aimée n'est pas délicieux, être aimée est nécessaire. Être aimée n'est pas nécessaire, être aimée est indispensable (arrêtons donc là la surenchère stylistique).

Car le voilà l'enjeu, le vrai : être aimée est plus qu'une cerise sur le gâteau, mieux qu'un bandeau Goncourt sur un livre méconnu, plus renforçant qu'une couche de top coat brillante et séchante au-dessus de notre vernis corail, être aimée est pour chacun(e) d'entre nous vital. Il s'agit de compenser un état de fait : au fond, au fond du fond, au sous-sol de nous-mêmes, dans la cave dissimulée entre le ça, le moi et le surmoi, eh bien… nous ne nous aimons pas ! Enfin pas assez. Enfin moins que ce que nous aimerions nous aimer. Alors bien sûr, nous pouvons (et devons !) travailler sur le sujet (qui est d'ailleurs l'objet d'une partie de ce livre), mais la vérité est là : c'est notre cerveau qui impulse cette envie d'être aimée. Tout part d'un moi idéal que nous portons en nous, de ce nous en (beaucoup) mieux, de l'objectif inaccessible qu'est la quête du Graal de nous-mêmes. Pour être concrètes, prenons le moi idéal des Ginettes : il serait une sorte de mix entre Scarlett Johansson pour le physique élégant croisé avec Simone Veil pour la pugnacité de l'engagement, mixée avec Christine and the Queen pour la gestuelle sur fond musical, couplée avec Ingrid Betancourt pour la résistance à toute épreuve, mixée avec un bonobo pour le côté sexe décomplexé. Et pourtant, ce que voient parfois les Ginettes dans le miroir, entre deux livres et deux pleins au supermarché, en lieu et place de ce moi idéal, serait plutôt simplement un bonobo (plus pour l'allure négligée que pour le côté sexuellement débridé).

Et voilà comment notre moi et notre moi idéal (comme les appellent les psys) se jaugent, se comparent, se débattent à la moindre occasion, se livrant un bras de fer au bout duquel qui gagne ? Le moi idéal, bien sûr ! De cet écart naît évidemment une frustration, une perte de confiance en soi… Comment s'apaiser ? En travaillant sur soi, bien sûr, mais aussi en récoltant tout ou partie de l'amour que nous portent les autres.

Attention, nous parlons bien « des » autres et pas seulement de l'autre : De cet entourage, composé de proches, collègues de travail, rencontres d'été, commerçants… et pas seulement du conjoint, mari ou amant… Car l'amour qui fait du bien est celui qui vient de toute part, puisqu'il prouve une chose essentielle : que nous sommes globalement aimables. Nous voilà donc sur le chemin de la réconciliation entre le moi et le moi idéal.

Par chance, il n'est pas si difficile de récolter cet amour-là. Il suffit de lire ce livre, qui vous aime déjà !

Chapitre

1

Pour être aimée, il faut s'aimer

L'amour de soi est la clé de tout, la pince-monseigneur ouvrant toutes les portes de l'amour et de l'intérêt que l'on peut vous porter. Donc si vous vous trouvez aussi intéressante qu'un vieux panais, il n'y a aucune chance pour que les autres vous voient comme une compotée de légumes affinés. Pourquoi ? Parce que le problème avec ce que vous pensez de vous, c'est que ça se voit ! C'est gravé sur votre front avec la même visibilité qu'un 1er avis en gras sur un site de tourisme. Une sorte d'egotrip-advisor qui en dit long sur vous. Vous imaginez l'image que vous donnez si cet avis est catastrophique ? Sachant en plus qu'il émane de LA personne qui connaît le mieux ce sujet au monde, du plus éminent expert de vous-même : vous ! Voilà, vous commencez à comprendre ! N'oubliez jamais que vous êtes votre meilleur guide touristique...

1 - Le rôle de vos parents

Oui, la façon dont vos parents vous ont élevée, parlé, valorisée, câlinée… a façonné une part non négligeable de votre estime de vous. Repérer, c'est comprendre. Et comprendre, c'est commencer à combattre (sans les mains, si vous pouvez, c'est mieux).

Ah, pauvres parents ! On va encore dire que c'est de leur faute ! On en connaît qui vont être révoltés par la charge qu'on leur fait porter. Loin des Ginettes l'idée de les accabler mais on se dit quand même qu'un « permis de parents » qui mettrait les prétendants à niveau sur les bases d'une éducation réussie ne serait pas accessoire. Car mal éduquer est aussi néfaste pour les autres que mal conduire. À vous de réaliser l'influence d'une mauvaise éducation et de prendre, le plus vite possible, un nouveau virage…

VOUS VOUS AIMEZ SI VOS PARENTS ÉTAIENT VIS-À-VIS DE VOUS…	VOUS NE VOUS AIMEZ PAS (ASSEZ) SI VOS PARENTS ÉTAIENT VIS-À-VIS DE VOUS…
Aimants, valorisants Les mots que vous avez le plus entendus : *« C'est bien ! », « Trop mignon ! », « Tu me ressembles »,*	**Critiques, cassants** Pendant toute votre enfance, on vous a dit que vous étiez « insupportable » ou « débile » ou « pénible » et que vous gâchiez la vie de votre père ou de votre mère, voire des deux. C'est à se demander de qui vous teniez (excellente

« Je n'y avais pas pensé, bien vu ! »…	question, en fait : des deux). À force de les entendre cassants, l'image que vous avez de vous est un peu cassée.
Confiants Les mots que vous avez le plus entendus : *« Ne t'inquiète pas ! », « Bien sûr que oui », « Ça va aller… », « J'étais sûr que tu y arriverais ! »*	**Sceptiques** Réussir ? Qui ça, réussir ? Le chat ? Votre meilleur ami ? Le gouvernement ? Pas vous quand même ?! Vos parents ont toujours été là pour vous rappeler que vos chances d'y arriver étaient extrêmement limitées par… vous-même en fait. Aujourd'hui, vous doutez de tout, et surtout de vous en fait.
Attentifs Les mots que vous avez le plus entendus : *« Raconte-moi ! », « Je vais t'expliquer, tu vas comprendre », « Tu vas chez qui exactement ? », « Je ne crois pas que ce soit une bonne idée »…*	**Je-m'en-foutistes** Ah, cette sensation qui vous poursuit depuis que vous avez 2 ans… Vous savez, celle de pouvoir entièrement diriger votre vie. C'est sûr, c'est grisant. Mais grillant aussi. Parce que du coup vous en avez franchi, des limites… Et même si vous vous en êtes sortie, difficile dans ces conditions de vous structurer sans anxiété.
Fiers Les mots que vous avez le plus entendus : *« Bra-vo ! », « C'est gé-nial, ma chérie ! », « On est hy-per contents ! », « On va fê-ter ça ! »…* (Soit plein de	**Castrateurs** Oui bon, vous intégrez Sciences po… Mais c'est plus ce que c'était… Oui vous êtes prise comme petit rat, mais l'Opéra de Paris, ce n'est pas Broadway ! Oui bon, vous allez jouer avec Ben Stiller… Il a fait quoi Ben Stiller depuis *Zoolander 1* ? *Zoolander 2* ?

→

mots avec beaucoup de syllabes coupées par l'enthousiasme)	Quoi que vous réussissiez, vous vous dites que ce n'est jamais assez bien
Concernés Les mots que vous avez le plus entendus : *« Raconte ! », « Ça s'est passé comment ? », « Tu en as pensé quoi ? », « Ça te soucie parfois ? »*	**Indifférents** Vos parents étaient tellement centrés sur eux (sur leur travail, sur leur couple...) que vous avez toujours eu la sensation d'être autant écoutée qu'une chanteuse aphone dans un concert... En même temps, avez-vous vraiment quelque chose à dire ? C'est bien l'éternelle question que vous vous posez.
Vigilants Les mots que vous avez le plus entendus : *« Je le connais ? », « Dis-moi exactement où ? », « De quelle heure à quelle heure ? », « Tu te sens comment ? »*	**Étouffants** Vous avez l'impression d'avoir passé votre enfance avec la police des polices, la brigade des Stups et les renseignements généraux réunis... Du coup, aujourd'hui, vous trouvez que tout est intrusif (y compris quand on vous demande comment ça va).
Fermes Les mots que vous avez le plus entendus : *« Non c'est non ! », « Pas seule avec lui », « Les cadeaux, ce n'est pas tous les jours ! », « Où en es-tu sur tes devoirs ? »*	**Soumis** Vos désirs ont été des ordres. Sauf que, du coup, à force d'être exaucés, vous avez eu de moins en moins de désirs et de plus en plus d'ordres (d'où ce drôle de surnom dont on vous affecte : « Poutinette »).

2 - Le baromètre de l'estime de soi

Quand vous pensez à votre petite personne (petite, petite…), que ressentez-vous ? Un vent chaud et agréable ou une immense dépression ? Petit point météo sur la valeur que vous vous accordez.

Face à ces situations, comment réagissez-vous ?

1 Une amie vous complimente sur vos nouvelles chaussures :

a) « Ah oui ? T'en es sûre ? C'est vraiment rien, 10 balles chez Kiloshop ! »

b) « Merci, moi aussi je les adore ! »

2 Votre mec vous dit que vous êtes jolie :

a) « Mais regarde mes cuisses et mon ventre, ça donne envie de dégraisser, non ? »

b) « Tu sais que tu n'es pas mal non plus. »

3 Votre chef traverse l'open space en disant : « Voilà ! Ça, c'est du bon travail ! » :

a) Vous commencez à réfléchir à votre augmentation…

b) Vous vous retournez d'un coup, histoire d'identifier la collègue qui, elle, va passer une bonne journée.

4 En général, vous arrivez aux rendez-vous...

a) À l'heure ou légèrement en avance.

b) Le souffle coupé, le cheveu en bataille et l'excuse en bandoulière (toujours très en retard).

5 Quand quelqu'un vous dit : « Tu sais à qui tu me fais penser ? »

a) Non ? ! Lui aussi a remarqué que vous aviez un petit air de Jennifer Lawrence ?

b) Vous hurlez « Noooooon ! » (Vous êtes sûre que la comparaison va être désastreuse.)

6 En général, quand vous n'êtes pas d'accord...

a) Vous le dites, sans agressivité mais avec assurance...

b) Vous le dites clairement, nettement, sans ambages... mais dans votre tête seulement (vous détestez les conflits).

7 Et quand vous aimez...

a) Vous exprimez vos sentiments, simplement et clairement.

b) Lui dire qu'on l'aime ? Et pourquoi pas une dépêche AFP tant qu'on y est ?!

RÉSULTATS

- **Vous avez une majorité de réponses a) :**

Beau temps sur l'estime de vous !

Des qualités ? Bien sûr que vous en avez ! Et des défauts aussi, d'ailleurs… Mais vous avez appris à vous aimer telle que vous êtes, à comprendre que tout se joue souvent plus sur un sourire, une attitude et un esprit enlevé que sur un corps photoshoppé. Sans tout édulcorer, vous portez sur vous le regard juste et bienveillant d'une amie (celui qui voit aussi l'aspect positif des choses et qui encourage). Du coup, consciente de vos points forts et ne dramatisant pas vos points faibles, vous avez confiance en vous et ça se voit, ce qui vous rend potentiellement aimable. Il ne reste plus qu'aux Ginettes à transformer le « potentiellement » en « éminemment » !

- **Vous avez une majorité de réponses b) :**

Grosse dépression sur votre image !

Vous vivez dans la crainte : celle de dire une bêtise (oui, comme les enfants), celle de ne pas être drôle, celle de ne pas être écoutée quand vous parlez, celle qu'on repère votre asymétrie labiale, celle d'être jugée aussi intéressante qu'un vieux générique d'émission sportive… Au fond, ce que vous craignez le plus, c'est qu'on vous découvre telle que vous êtes, c'est dire l'estime que vous vous portez ! Du coup, vous jugeant avec la sévérité d'un jury télévisé face à des chanteurs en herbe, vous vous planquez, bredouillez et brouillez si bien les cartes que plus personne ne comprend rien à qui vous êtes. Pas même vous !

3 - Les pensées néfastes à chasser

À l'inverse des pensées magiques capables d'influencer notre humeur et de changer notre quotidien, certaines convictions nous rendent triste, méfiante, coupable, taciturne, peureuse, envieuse, odieuse... Bref, nous donnent l'air aussi aimable qu'un huissier en pleine perquisition d'un appartement.

— *Ils ne vont jamais me rappeler !* (Ou alors trop tard. Ou alors en appel masqué et vous allez les rater. Enfin il y a forcément une raison, et surtout la pire !)

— *Je vais être ridicule dans cette fringue.* (Oui oui, bien sûr, ridicule dans une petite robe noire.)

— *Je suis une perdante, c'est dans mon ADN !* (Le bien connu gène de la loose.)

— *J'imagine le surnom que tout le monde me donne* (Laissez-nous deviner : Coconne ? Momoche ? Nunulle ?)

— *Pourquoi ils me regardent comme ça, j'ai dit une connerie ?* (Non, vous parlez, tout simplement, c'est pour ça que les gens vous regardent.)

— *Oh non, ça va être long, je ne connais personne ici…* (C'est sûr, ce serait moins long si vous acceptiez de parler à quelqu'un mais noooooon, apparemment ce n'est pas du tout du tout dans vos principes…)

– *Je suis vraiment nulle !* (En même temps, si vous continuez à le dire, on va finir par le croire…)

– *Évidemment, avec le réseau qu'elle a développé depuis sa naissance, c'est facile pour elle…* (Bah oui, et en plus elle a tout pour elle, non ? Beauté, argent, amour… La vie est vraiment injuste !)

– *J'aurais dû me méfier, c'était trop beau !* (En même temps, si vous vous étiez méfiée, tout cela aurait été beaucoup moins beau sur le moment !)

– *C'est bizarre que tout aille bien en ce moment…* (Oui tiens, c'est tellement bizarre que vous devriez faire la gueule, comme ça tout irait mal, vous seriez rassurée et vous iriez enfin beaucoup mieux…)

– *Pourquoi il veut boire un pot avec moi ?* (Il n'y avait personne de dispo, c'est ça ?)

– *Je fais ce que je peux, je sais, c'est pas beaucoup.* (Ce qui est déjà pas mal pour une pauvre fille comme vous, c'est ça ?)

– *Pourquoi essayer ? Je sais que je vais me planter.* (Et si vous ne vous plantez pas, vous serez en pleine usurpation, donc c'est pire…)

– *Je ne suis pas faite pour ça.* (C'est bien connu, la seule chose pour laquelle vous êtes faite, c'est pour les nazeries, on le sait bien !)

– *Je vais être ridicule.* (En pensant justement ça, par exemple ?)

— *Et voilà, de toute façon je ne le sentais pas !* (C'est peut-être pour ça que ça n'a pas marché !)

Retenez bien ces phrases… pour mieux les oublier. Réalisez que vous polluez votre esprit avec ces pensées qui ne servent à rien d'autre qu'à vous victimiser. C'est fini la « néfastestime » de soi ! Vous vous le promettez ? Et preuve qu'on a une bonne estime de vous : votre parole nous suffit, on vous croit…

4 - Les pensées positives pour l'estime de soi

Voici ce que toute personne normalement constituée devrait avoir chaque jour en tête pour renouer avec une vision juste, vraie et bienveillante d'elle-même.

+ Je ne suis pas plus bête qu'une autre. Je dirais même que je suis moins bête que beaucoup d'autres.
+ J'ai plein de grandes qualités, ça compense mes petits défauts.
+ Je me suis trompée plein de fois dans ma vie, et c'est tant mieux car cela prouve que je suis humaine puisque l'erreur est humaine.
+ S'il y a un problème, c'est qu'une solution se trouve pas loin.
+ Je n'ai pas d'ego, surtout mal placé, mais je ne me prends pas pour de la merde pour autant !

- Chez moi, la forme est aussi intéressante que le fond. Donc, je soigne les deux de manière égale.
- La curiosité est un magnifique défaut.
- Tout ce que je touche ne se transforme pas en or, mais j'adore tout ce que je touche.
- Bien sûr que mes opinions valent celles des autres, c'est bien pour ça que je les donne.
- Rien n'est impossible puisque tout est toujours possible.
- Je ne sais pas ce que je préfère chez moi, je ne suis pas vendue en kit et sous vide au rayon boucherie. Je suis un tout, c'est tout.
- Si on ne me répond pas, ce n'est pas que je suis damnée. C'est juste qu'on ne me répond pas *encore*. Alors, si ça me turlupine, c'est moi qui reprends contact.
- Oui, je dis ce que je pense et ce que je veux, sinon je ne m'étonne pas que les autres ne tombent pas juste sur ce que je veux et ce que je pense.
- Bien sûr que je suis bienveillante avec moi-même et que je m'encourage. Je ne vais quand même pas m'enfoncer toute seule. Ce serait bête d'être son propre fossoyeur, non ?
- Non, je ne regrette rien. Rien de rien.
- Ah non, je ne juge pas, moi ! Je ne suis pas habilitée pour, je ne suis pas magistrat.

+ L'aventure est au bout de la rue. C'est pour ça que je marche beaucoup.

+ Il n'y a pas qu'un seul point de vue sur une situation. Et si tout à coup je suis bloquée, je monte sur une chaise, sur une table ou je m'étale par terre, face au ciel, pour me rappeler que tout dépend de là où on se place.

+ Je suis libre de faire ce que je veux. Mais je ne sais pas vraiment ce que je veux. Au moins, cette indécision me permet de ne pas coller la pression aux gens autour de moi. Et ça les autorise aussi à faire ce qu'ils veulent…

+ J'avance sûrement mais à tâtons : ça me permet de toucher les obstacles du bout des doigts et de ne pas me prendre les murs de plein fouet.

Le conseil des Ginettes : **Avoir une vision saine et bienveillante de vous-même est indispensable si vous souhaitez remporter l'adhésion des autres. Oui, il faut être bien dans ses pompes, dans sa tête, avec ses fesses, avec ses choix de vie, ses doutes, etc., pour être attirante. Regardez tous ces gens qui nagent en contradiction permanente (« Je veux me faire des mecs… mais pourquoi mon coup d'un soir ne m'emmène pas en week-end ? », « Bien sûr que je veux maigrir mais je vais reprendre du gratin de boulettes ! », « Les sacs de marque au prix d'un Smic me dégoûtent ! Comme le mien, tiens ! ») : ils sont épuisants, voire saturants, non ? Oui, voilà, à leur contact, on sature, alors qu'au vôtre on respire.**

5 - Conversation de Ginettes : Trop belles pour eux !

Ginette, je crois que je souffre de dysmorphophobie à l'envers.

Ah bon ? Ça veut dire quoi ?

Ben, par exemple à la salsa, j'ai l'impression d'être meilleure que je ne le suis en réalité.

Non je t'ai vue, tu es géniale ! Le pas précis, le déhanché caliente...

Oui mais c'est parce que tu m'aimes, toi. La nouvelle prof qui m'a dit : « Si vous ne savez pas danser, restez au moins dans l'énergie ! », elle, elle m'aime moins.

C'est parce qu'elle ne te connaît pas encore. Refais-lui ta figure la prochaine fois.

Quelle figure ?

Ben ta roulade salsa de la fin... Quand tu as atterri sur la tête !

Mais ce n'était pas une figure, j'avais glissé...

6 – Journal intime de Ginettes

Cher journal,

Je suis en pleine insomnie ! En fait, je repense au titre de ce chapitre. Je n'arrête pas de le retourner dans ma tête… « Pour être aimée, il faut s'aimer »… Peut-être mais si pour s'aimer il faut être aimé et si pour être aimée, il faut s'aimer, c'est le serpent qui se mord la queue ! Et je ne peux même pas appeler Ginette pour en parler, à 3 h 42, elle va encore me dire que si elle a des poches sous les yeux, c'est à cause de moi…

P-S : Il est 4 h 20, ouf ! Je viens
de me souvenir que nous avons déjà
eu cette conversation avec Ginette !
Mais impossible de me souvenir de sa
réponse... (On est d'accord qu'elle aura
des poches sous les yeux si je l'appelle à
4 h 20 ?!)

Chapitre 2

En route pour l'amour ! (de soi et des autres)

Au fait, où en êtes-vous en termes de popularité ? C'est bien gentil de vous proposer d'emprunter le chemin de l'amour mais encore faut-il savoir d'où nous partons : du carrefour du charisme ou de l'impasse de l'antipathie ? Un petit bilan et les réponses adaptées.

1 - Quel est votre niveau actuel de popularité ?

Alors oui, nous nous rendons bien compte que la question de la popularité est légèrement anxiogène. Car entre ne pas être populaire et ne pas être aimée, il n'y a qu'un pas ! Pas de panique, être populaire (et être aimée) se cultive au point que, jusqu'à aujourd'hui, les Ginettes n'ont jamais eu à déplorer le moindre échec en la matière.

1 Un proche organise une soirée : quel est le type de SMS que vous êtes habituée à recevoir ?

a) Save the date les zouzous – et aussi une bouteille de champagne, bande de rats ! (= un message sympathique mais générique).

b) Salut bombasse, grosse soirée chez moi le samedi 22, dis-moi si dispo sinon je décale, pas de souci (= un message enjoué et personnalisé).

c) Hey ! Tu me donnerais le 06 de ton traiteur ? (= un message intéressé – par le traiteur – et désintéressé – par vous).

d) Soirée le week-end prochain, c'est con, je sais t'es pas libre ! Mais si tu peux repousser ton week-end avec tes enfants, alors là avec plaisir ! (= un message, quoi).

2 En général, quand vous montez le ton...

a) Tout le monde arrive.

b) Tout le monde acquiesce.

c) Tout le monde rit.

d) Tout le monde s'en va.

❸ Regardez votre portable : quel est le chiffre qui correspond au nombre de messages que vous n'avez pas encore écoutés :

a) Entre 3 et 10 (dont certains datant d'il y a quelques jours, voire de quelques semaines).

b) Plus de 10 (c'est gentil de nous lire, Marion Cotillard, mais en tant que fille suraimée en chef, si vous pouviez aimer cet ouvrage sur les réseaux sociaux, nous vous aimerions encore plus).

c) 0 (vous avez même écouté le message automatique de la réouverture du Bar Bu, l'endroit tendance de Cagnes-sur-Mer, c'est dire...).

d) Entre 1 et 2 (celui de la femme la plus énervante au monde : votre mère, plus celui de la femme la plus tenace aussi : votre mère).

❹ À quoi vous shooshootez-vous ?

a) Au rire.

b) Aux autres.

c) À la critique.

d) À toutes les douceurs, y compris celles qui vous font grossir.

❺ Quand vous n'allez pas bien...

a) Vos proches ne vont pas bien non plus.

b) Vos proches forment une protection rapprochée autour de vous.

c) Vos proches vont mieux.

d) Vos proches vous secouent, vous bougent, vous bousculent – mais pour votre bien, hein, naturellement.

❻ Votre signe distinctif...

a) Un rire explosif.

b) Des anecdotes à gogo.

c) Des vannes acerbes.

d) Un pseudo rigolo (Choupette, Craquote, Salopette...).

❼ Ce que vous possédez en illimité...

a) La parole.

b) L'écoute.

c) Les sanglots.

d) L'argent.

❽ Quand vous êtes gênée de rencontrer une personne, c'est plutôt parce que...

a) Vous deviez la remercier.

b) Vous deviez la rappeler.

c) Vous deviez la rembourser.

d) Vous deviez l'embaucher.

RÉSULTATS

- **Vous avez une majorité de réponses a) :**

Vous avez une notoriété bloquée.

Vous êtes si près du but que nous avons déjà envie de vous féliciter ! Il ne vous reste que quelques petits réglages à faire (mieux communiquer, mieux écouter, vous dévoiler davantage ou seulement mieux accepter d'être aimée...) pour atteindre cette popularité qui fera de vous la chouchoute de la région. Les Ginettes s'en réjouissent déjà !

- **Vous avez une majorité de réponses b) :**

Et si vous nous signiez un petit autographe ?

Les gens vous connaissent par cœur et vous aiment. Regardez tous ces bras qui se tendent vers vous... On dirait Amma, cette gourou indienne distribuant ses darshans (des étreintes) aux millions de gens se déplaçant pour la voir, la toucher et chercher son amour. C'est bien. Bonne nouvelle. On est contentes pour vous. Voilà voilà... Mais quel est le but, au juste ? Vous voulez mettre les Ginettes à la retraite ou quoi ?! Alors, c'est sûr, il nous reste à vérifier que ce joli petit monde qui vous aime et vous entoure le fait... pour de bonnes raisons !

- **Vous avez une majorité de réponses c) :**

Vous êtes aussi populaire qu'une file d'attente à la CAF.

Ne nous voilons pas la face : nous avons beaucoup à faire avec vous, car votre notoriété commence là où votre santé s'arrête (quand vous réussissez à réunir plus de trois personnes autour de vous, c'est que vous avez été arrêtée par les flics ou que vous avez eu un accident de scooter et que les pompiers sont arrivés). Vous n'avez aucune conscience des codes de la fille aimée, mais pas de panique : les Ginettes vont tout vous apprendre.

- **Vous avez une majorité de réponses d) :**

Vous êtes le prototype de la fille « Oui mais... »

Bien sûr que les autres aimeraient vous connaître davantage ! Mais... vous avez l'air un peu trop quelque chose (un peu trop triste, un peu trop agressive, un peu trop psychorigide...), voire un peu trop tout à la fois. Qu'il s'agisse de mauvais réflexes, voire d'une peur inconsciente de trop séduire, les Ginettes vont vite vous faire passer de la fille « Oui mais... », à la fille « Oui et... ». Tout un programme !

2 - Se faire aimer : le grand vrai/faux

Bien sûr que nous rêvons toutes d'attirer l'amour, et celui du plus grand nombre même ! Mais de là à afficher cette envie... Pourquoi cette réticence ? Parce que vouloir être aimée suscite cette petite honte, ce sentiment de culpabilité, il faut bien l'avouer, typiquement français ! À tort ou à raison ? À nous de démêler le grain de l'ivraie !

- **Vouloir être aimée est un réflexe.**

VRAI ! Fermez les yeux, remontez dans le temps. Vous êtes dans le salon 80 de vos parents (oui, ce lieu orange et vert empestant la cigarette, les étagères remplies de K7, de Rubik's Cube, de coussins à losanges, de cartes Panini…), votre père et votre mère confortablement installés dans le canapé en croûte de cuir blanc cassé… Mais qui est cette petite chose en train de faire ces mines mignonnes-adorables-étonnantes-craquantes-non-mais-quel-amour-regardez-moi-ça ?! Certes, il y a Poupie, leur caniche royal, mais juste derrière lui, sautillant comme une chèvre fougueuse : vous, désireuse de piquer la vedette au caniche, mais aussi à votre petite sœur, à votre grand frère, au *Grand Échiquier* ou à *Dimanche Martin* (les émissions préférées de vos parents à l'époque). Moues adorables, petite voix de chaton, sourire craquant, couettes à pompons virevoltantes, suppliques larmoyantes, imitation de vos parents, trépignements de pieds… Vous avez tout essayé pour parvenir à vos fins.

Le conseil des Ginettes : Enfant, vous avez éprouvé une foule de tentatives et toute une palette de techniques destinées non pas à vous faire aimer, mais à vous faire remarquer, choyer, chouchouter pour être la seule, l'unique, la préférée de vos parents. Certaines de ces techniques résistent-elles à l'âge adulte ? Petit tri sélectif :

– **Le trépignement de pieds :** ON JETTE. Au mieux, cette technique fonctionnera une seule fois à l'âge adulte, et pour des raisons pratiques chez vos proches qui craindront tellement pour leur parquet qu'ils céderont à votre caprice du moment.

– **Le mimétisme :** ON GARDE ! Que vous en ayez été alors consciente ou non, voilà la technique chouchouting qui était, enfant, la plus efficace auprès de vos parents (leur narcissisme se réveillant sous l'effet de cette ressemblance avec eux). Bonne nouvelle : cette astuce peut aussi cartonner à l'âge adulte. Ressembler à l'autre (lui emprunter ses expressions, sa gestuelle, et même quelques-unes de ses intonations…) est même l'une des techniques commerciales enseignées aux professionnels qui souhaitent mieux séduire pour mieux (se) vendre. Et ça marche aussi chez les grands singes : pour se faire adopter par un groupe, rien de plus efficace que de les imiter en grommelant et en geignant comme un bébé, leurs grandes spécialités.

– **Le sourire (spontané) :** ON GARDE ! Le sourire est comme un message d'accueil livré au monde. Et il en dit plus long sur nous que tous les discours (je souris donc je suis heureuse, bien avec moi, mais aussi ouverte aux autres, à l'échange, sans crainte, avec a priori une naturelle bienveillance…). « Un sourire sincère touche en nous quelque chose d'essentiel : notre sensibilité innée à la bonté », a précisé un pro de l'amour, le dalaï-Lama. Une phrase à « postiter » sur votre frigo (à côté de « Souriez, vous êtes filmée ! »).

– **Les suppliques :** ON JETTE ! « S'il te plaît ! Je t'en conjure ! Par pitié ! Aime-moi ! » Franchement, vous aimeriez quelqu'un qui dit ça ?

- **Être populaire est un gage de réussite.**

VRAUX ! Alors oui, de la Du Barry à la Montespan en passant par la Castiglione ou Diane de Poitiers, les favorites de l'histoire ont su se faire aimer et ont ainsi prouvé qu'être aimée était une excellente manière de faire jouer l'ascenseur social et d'y arriver… Mais aujourd'hui ?

Le conseil des Ginettes : Attention, les temps ont changé ! L'époque actuelle faisant la part belle à l'authenticité, se faire aimer en ayant l'air de tirer les ficelles, de manipuler ou d'intriguer sera très très mal vu. On retiendra des favorites qu'elles avaient une ambition sincère : ne pas faire tapisserie. Car ces ministres de l'ombre usaient le plus souvent d'une solide intelligence et d'une vraie culture.

- **Être aimée répond à un « besoin » chez les autres.**

VRAI ! Il faut bien comprendre que si on a envie d'être aimée, d'autres adooooorent chouchouter. Pourquoi ? Pas simplement parce que faire du bien aux autres fait du bien à soi-même, mais aussi parce qu'en nous offrant cette merveilleuse sensation d'être utile et, plus globalement, de donner un sens à notre vie, aimer permet également de s'assurer un certain pouvoir sur l'autre : celui de pouvoir retirer cet amour à tout moment, créant chez lui un sentiment de vide et de besoin.

Le conseil des Ginettes : **Puisque l'amour est un cercle vertueux, n'ayez plus peur d'aimer, ce n'est pas une faiblesse, au contraire : c'est le gage d'obtenir de l'amour en retour. Le mécanisme est simple : en chouchoutant l'autre, il deviendra aimant (voire dépendant) puisque vous réduirez l'écart entre son moi et son moi idéal (c'est-à-dire entre ce qu'il considère être et ce qu'il aimerait être), vous validerez une bonne partie de son identité et lui apporterez la confiance en lui dont nous avons tous besoin à plus ou moins grande échelle. L'amour nourrit l'autre et le renarcissise. Plus transmissible que la grippe, toussez votre amour sur les autres et ils seront forcément contaminés. En retour, ils éternueront leur amour sur vous ! Aimez et vous le serez en retour…**

3 - Les qualités à développer, les défauts à refréner

Devenir une Ginette (à savoir, en toute modestie, une fille qu'on aime forcément), demande de développer quelques traits de caractère absolument géniaux (toujours en toute modestie, évidemment).

★ Ça, c'est aimable !

- **Croire en soi :** Pas simple, dans une société où chacun d'entre nous est si facilement mis en concurrence avec l'autre, l'épée de Damoclès de la crise économique et de la précarité suspendue au-dessus de nos têtes, de se dire que nous, on s'en sortira, on y arrivera. Pourtant, croire en soi (pas béatement mais avec bienveillance) est essentiel pour être aimée : vous êtes votre meilleure ambassadrice ! Comment convaincre les autres de votre valeur si vous n'en êtes pas convaincue vous-même ? Pour vous aider, commencez par lister les succès que vous avez emportés : vous constaterez qu'il y a eu ce jour où vous avez réussi… Et la fois où vous êtes parvenue… Et ce moment où vous avez atteint… Eh oui, vous avez plein d'exemples à consigner ! Vous-même n'en revenez pas ! Le fil de la confiance en vous est déroulé…

- **Aimer au moins un moment par jour :** Quelques minutes dans un square, un plat délicieux, une façade d'immeuble, une passante élégante, la phrase d'un enfant… Ressentez l'amour chaque jour. Arrêtez-vous sur ce moment, essayez de le savourer, de l'emmagasiner. Puis repensez-y comme s'il s'agissait d'une acquisition que vous avez réalisée. Il vous laissera ce sourire sur les lèvres mais aussi dans le regard qui signe les gens aimables. Et n'oubliez pas que vous pouvez partager ce moment de plaisir avec votre entourage (en le racontant, en le postant sur les réseaux sociaux…). Vous le ferez revivre dans votre esprit mais aussi exister dans celui des autres.

- **Se respecter :** Sur le papier, rien de plus simple : vous ne dites oui que quand vous le sentez, vous posez vos limites, vous exprimez les choses clairement (sans agressivité mais sans édulcorer). Dans la pratique, pas toujours facile de se départir du jugement des autres (et de leur sensibilité, voire de leur regard assassin), mais aussi et surtout de ce que vous ont inculqué vos parents (de bonnes choses… mais parfois bonnes pour eux seulement). Écoutez votre petite voix intérieure et acceptez de prendre des risques. Et même celui de déstabiliser, voire de blesser votre entourage parfois. Oui, se respecter demande une certaine dose de courage !

- **Faire attention à soi :** Prendre du temps pour lire, regarder un film, se faire épiler, faire du sport, se faire masser, faire un Candy Crush Soda… Ce que vous voulez, mais la règle, c'est de prendre du temps pour vous ! Comment y parvenir dans un emploi du temps déjà surchargé ? La seule solution est d'apprendre à vous faire passer en premier de temps à autre. Et par pitié, ne culpabilisez pas : il faut aussi savoir ramener le monde à soi pour être heureuse ! L'ego est le fondement de votre personnalité, et il n'y a que quand il est démesuré qu'il devient une entrave au bon développement personnel – et une entrave au développement personnel des autres.

- **Admirer :** S'enthousiasmer pour quelqu'un prouve que vous êtes suffisamment construite pour reconnaître des qualités sans être envieuse ou déstabilisée. Admirer prouve aussi que vous avez été capable de reconnaître ces qualités et que vous les portez donc partiellement en vous. Pleine de vertus, l'admiration (mesurée, pas groupie) est aussi efficace pour le teint qu'une ampoule coup d'éclat liftante !

- **Donner :** Qu'il s'agisse de votre avis, d'un cadeau ou seulement de votre personne, donner prouve une chose : que vous avez (un avis, du cœur, de la personnalité…). Et quand on a (des choses positives), on est bien partie pour être aimable.
- **Se féliciter :** Pour la plupart des gens, se féliciter n'est pas un réflexe. Mais ne cédez pas à la tentation de minimiser vos réussites. Parlez-vous comme vous le feriez avec une amie : « Bravo ! C'est super ! Et si on fêtait ça ?! » Et même, récompensez-vous ! Un petit cadeau auto-offert sera la preuve que vous en valez la peine…
- **Se raconter :** Dire qui vous êtes, ce que vous aimez, ce que vous ne voulez pas, comment vous fonctionnez… Pas dans la même phrase, bien sûr, sous peine de faire céder les nerfs de votre interlocuteur. Mais vous définir clairement, exprimer qui vous êtes, c'est faire gagner du temps aux autres. À eux de prendre ou de laisser !
- **Se secouer :** Avoir des problèmes (si ce n'est pas en permanence, et si ce n'est pas non plus avec la BAC ou la brigade des Stups) ne fait pas de vous quelqu'un qui n'est pas aimable ! Et au contraire, vous montrez que vous êtes un être humain, pas une machine ! Seule la façon dont vous vivez ces problèmes fait la différence : secouez-vous, sortez des ruminations et des récriminations, et tentez

d'avancer de façon constructive. Vous forcerez le respect, l'admiration et l'amabilité tant recherchée !

- **Combattre :** Quoi de plus aimable que quelqu'un qui a des convictions ? Qui assume ses positions et qui est prête à les défendre jusqu'au bout ? Quelqu'un qui le fait fermement mais gentiment, sans insulter ses détracteurs…

★ *Ça, ce n'est pas aimable !*

Juste pour vérifier que vous avez bien compris ce qui précède…

- **Tenter d'être bon partout.**

→ Pour étouffer les autres ?

- **Critiquer tout le monde.**

→ Pour se revaloriser ?

- **Vous dévaloriser.**

→ Pour encourager les compliments ?

- **Vous comparer.**

→ Pour dévaloriser l'autre ?

- **Vous taire.**

→ Pour se faire entendre ?

- **Avoir honte.**

→ Pour éviter de s'excuser ?

- **Vous vanter.**

→ Pour se convaincre ?

- **Mentir.**

→ Pour ne pas justifier ?

- **Monopoliser.**

→ Pour avoir toujours raison ?

- **Piquer.**

→ Pour qu'on s'intéresse à vous ?

- **Jalouser.**

→ Pour éviter de vous remettre en question ?

- **Vous moquer.**

→ Par facilité ?

★ *Si vous ne deviez retenir qu'une seule règle*

> Il n'y a qu'une chose sur laquelle nous devons être négatives : LA NÉGATIVITÉ.

4 - Les qualités qui font désaimer (oui, ça existe !)

Existe-t-il pire entrave à l'obtention du statut de fille aimable que le fait d'avoir de gros défauts ? Oui : avoir certaines grosses qualités ! Le sujet est peu (pour ne pas dire jamais) évoqué, et pourtant certaines qualités réveillent la sensibilité, voire l'agressivité, de nos prochains. Les conseils des Ginettes pour transformer ces points forts-faibles en points forts-forts.

- **Vous brillez – et ça éteint les autres.**

→ Devenez une femme « Normiale » (géniale sur le fond normale sur la forme).

Avoir un talent (ou une compétence particulière) force nécessairement l'admiration. Mais aussi parfois l'envie ! C'est un réflexe humain : car qui ne voudrait pas chanter/être souple/gagner 3 000 euros par jour comme cette pét… cette pétillante dame ?

Le conseil des Ginettes : Vous avez un gros atout ? Bravo ! Ne vous vantez pas, ne jouez pas la modestie non plus (qui en revient à une vanité dissimulée). Une seule conduite à adopter, facile à énoncer mais moins à appliquer : la normalité. Vous chantez tellement bien que vous êtes la star de toutes les soirées ? Ne niez pas votre don, prenez-en du plaisir, faites-en profiter l'assistance et sachez vous rasseoir assez rapidement non pas en disant, sous une standing ovation, un « J'en suis malade, j'étais nulle à chier ! », mais en adoptant une attitude normale (de « Ça t'a plu ? C'est cool ! » à « C'est bien gentil de chanter mais j'ai une de ces envies de tiramisu ! »). Vous gagnez beaucoup d'argent ? Inutile de le nier ou de vous dévaloriser (« Oh ce n'est pas tant que ça ! », ou « Je ne le mérite pas ! »). Soyez seulement normale : continuez à trouver que le poulet bio est bon mais encore cher, que la voisine est sympa et que vos amis dont le salaire est inférieur au remboursement de vos notes de frais sont intéressants. Pour vous aider à cette normalité, considérez vos talents avant tout comme un cadeau de la vie (plus que le fruit de votre œuvre).

- **Vous êtes tellement sexy que les femmes vous regardent en biais ?**

➜ Devenez rigol'hot !

Devenir la chouchoute des femmes quand on est sexy ? Ha ha ha, et pourquoi pas devenir leur BF (best friend) pendant qu'on fait un FK (french kiss) à leur mec ?! C'est sans compter sur la devise des Ginettes : « À l'impossible, nous sommes tenues ! »

Le conseil des Ginettes : Il faut bien l'avouer, peu de qualités sont aussi segmentantes que celle-là. D'un côté, des hommes qui vous désirent comme si vous étiez des profiteroles géantes servies en plein match de foot dans une Aston Martin. De l'autre, des femmes qui regrettent de ne pas avoir vu le dernier *Star Wars* pour apprendre à vous détruire à coups de sabre laser. Bon, mais vous êtes sexy, vous êtes sexy (on n'a pas dit pouffe), que voulez-vous qu'on vous dise ?! Vous n'allez quand même pas vous relooker en montgolfière pour prétendre au statut de fille aimable ? À la place, laissez-vous aller. À quoi ? À ce que vous voulez, idéalement à l'humour mais, si vous n'êtes ni Florence Foresti ni Louis CK, à toute forme de spontanéité (soyez lunaire, dans l'emphase, étonnante...). En laissant votre personnalité s'exprimer, vous enverrez un message à celles qui voient dans le sexy un signal de danger : je suis sexy malgré moi, je ne suis pas dans une posture d'allumeuse. Donc je n'ai aucune intention de te piquer ton mec, ton père, ton frère, ta target... Et c'est bien connu : c'est l'intention qui compte.

- **Vous avez un caractère si fort que les autres se sentent faibles.**

→ Devenez « forfragile » !

Si les caractères forts attirent, c'est entre autres parce qu'à leurs côtés on a le sentiment que rien ne peut arriver. Rien sauf… une petite dévalorisation personnelle. Qu'aurions-nous fait à la place de cette fille au caractère trempé ? La même chose – en moins assumé, en moins clair, en moins cash… en moins bien donc. Un pétard mouillé versus un feu d'artifice, une flammèche versus un flambeau, une quiche Lorraine versus une flammekueche. Comment se faire aimer quand on rappelle aux autres leurs défaillances ?

Le conseil des Ginettes : **Il est impératif de rompre avec le cercle vicieux de l'image forte : plus vous avez l'air solide, plus vous considérez devoir tenir cette image solide. Engluée dans un rôle, vous imaginez devoir tenir la stratégie du MPM (Même Pas Mal) et ne jamais devoir craquer. Pourquoi ? Parce qu'au moindre signe de faiblesse tout le monde semble déstabilisé. Votre entourage attend de vous cette force mais paradoxalement, au bout d'un moment, cette posture vous éloigne de vos proches. Donc sachez montrer vos émotions, parlez de vos peines. Et là, tout le monde respire. Eh oui, cette fille forte et admirable l'est d'autant plus qu'elle pleure et se mouche aussi !**

5 - Le cerveau de la fille aimée

Une petite IRM du cerveau d'une fille aimable, de l'avis de tous, vous donnera une idée très

précise de ce qu'il s'y passe à l'intérieur. Décortiquons voir :

- **La curiosité**

Oui, la chouchoute est curieuse. Pas une petite curieuse, mais une grande curieuse de tout. Nuance ! Les autres, leur vie, leurs joies, leurs réflexions, leurs peines, tout ceci l'intéresse vraiment. Et même pas pour s'en servir contre eux, mais simplement parce que ce que vivent, font et ressentent les autres, ça la concerne. Mine de rien, c'est en tentant de comprendre les autres qu'on arrive à se forger une juste place auprès d'eux et, allons-y franco, dans la société dans laquelle nous vivons. Oui, chères lectrices, la saine curiosité est une bien jolie qualité !

- **Des feux d'artifice**

Ou des ampoules de 100 watts, mais en tout cas, c'est réactif, c'est vif, c'est coloré, c'est gai et c'est lumineux !

- **La capacité d'adaptation**

La chouchoute n'est jamais figée dans une époque, dans un statut social, dans un milieu précis. Elle est flexible, élastique, passe-murailles, tout en restant elle-même en toutes circonstances. Et c'est bien pour cela qu'elle ne s'éteindra pas comme un vieux Tyrex mais survivra à tout changement d'époque. Elle est tout aussi à l'aise avec des huppés des beaux quartiers qu'avec des paysans bretons, qu'avec des graffeurs underground. Pourquoi ? Parce qu'elle ne part avec aucun préjugé. De même, la chouchoute fait avec ce qu'elle a. Et ce n'est pas pour cela qu'elle a peu ! Seulement, elle ne s'en plaint pas à tout bout de champ.

- **L'esprit synthétique**

Quand on lui confie un secret : « J'ai trompé mon mec avec un mec marié et père de famille », la première question qui lui vient à l'esprit c'est : « Est-ce qu'avoir rencontré ce mec te rend heureuse ? » Oui ? Sujet réglé et zéro jugement de sa part. Non ? Sujet ouvert et écoute maximale pour tenter de soulever les deux ou trois questions déclic qui l'aideront à voir l'histoire sous un autre angle. Car son but n'est pas d'enfoncer la tête de « l'amie » dans la vase, comme le ferait la fausse amie (« Non mais tu crois quoi ? Qu'il va quitter sa femme et ses gosses ? Et t'as pensé à Lulu ? Le pauvre vieux qui a confiance en toi »), mais de l'aider à respirer librement même quand son histoire ne sent pas très bon…

- **La relativisation**

« Bon, tu t'es fait piquer ton portable, mais t'as une assurance, non ? », « Oui, le poulet est cramé, on n'a qu'à faire des pâtes, non ? », « Ta mère te rend folle ? Oui, comme chaque fois que tu la vois, et ça ne vous empêche pas d'être inséparables, non ? » C'est marrant comme chaque fois que l'on parle d'un problème ÉNORME à une fille aimable, il se dégonfle aussi vite qu'un soufflé pour se convertir en lichette d'aléa de la vie. Question de bon sens aussi. Et ça, ça fait un bien fou.

- **La bienveillance**

Ce qu'est la bienveillance ? Une écoute, un regard positif posé sur l'autre, une compréhension de ce qu'il est et de sa situation, la capacité à se mettre à sa place avec affection mais sans affectation démesurée (en gardant la bonne distance). Ça a l'air cornélien comme ça, ou tout à fait impossible (ce qui est vrai pour les gros ego ou les coupeurs de parole incapables d'écouter, ou ceux qui pensent avoir tout bien cerné en dix secondes), mais la fille aimée sait y faire. D'abord parce qu'elle est sincère dans son écoute, ensuite parce qu'elle ne tire pas la discussion à elle comme seule réponse : « Oh là là, moi aussi, ma boss me parle super mal, je t'ai raconté ce qu'elle a encore trouvé pour me faire ch... ? », ensuite parce qu'au lieu d'apporter des réponses définitives (« Tu t'ennuies avec lui ? Quitte-le ! ») elle préférera toujours poser une palette de questions qui font réfléchir de façon positive et qui montrent qu'elle n'a qu'un objectif : aider l'autre, lui faire du bien ! (« Et vous sortez tous les deux ? Vous passez un peu de temps ensemble ? Qu'est ce qui t'ennuie vraiment ? », etc.). Car la chouchoute sait bien que la réponse ne peut pas venir d'elle, mais de l'autre. En revanche, si elle peut aider à considérer le problème sous toutes ses facettes, elle prend !

- **Des compliments**

Des sincères, pas des tordus qui laissent l'impression que vous insultez plus que valorisez réellement (du genre : « Ce que j'admire chez toi, c'est que tu ne t'embarrasses pas de tes 5 kilos en trop », ou « Ça doit être si reposant d'avoir une vie simple comme la tienne », ou encore « Tu sais que je t'envie de ne pas avoir de style, c'est tellement plus facile pour toi chaque matin devant l'armoire »).

Warning :

À trop vouloir être aimée...

... on est mal étreinte ! Alors précisons un peu les choses...

- **Il n'est pas question de vouloir être aimée de tout le monde** (ce qui au-delà de ne pas avoir beaucoup d'intérêt est impossible), mais d'être aimable, c'est-à-dire de pouvoir être aimée du plus grand nombre. Même un adorable petit chaton noir et blanc ronronnant dans un panier en osier enrubanné ne fait pas l'unanimité ! Alors nous… Même avec des nœuds-nœuds dans les cheveux lovée dans un plaid tout en nous léchant les papattes, on n'arrivera pas à séduire 100 % de la population… Par ailleurs, vouloir être aimée de tous signifie qu'on n'est pas capable de supporter le rejet d'une seule personne ! Ce qui montre que nous ne sommes plus dans le plaisir (d'être aimée), mais dans le besoin (maladif) de cet amour.
- **Il n'est pas question d'avoir l'air affamée !** Vouloir être aimée ne doit jamais ressembler à une quête obsessionnelle (« Tu m'aimes, dis ? Et toi, tu m'aimes ? Et toi là-bas ? Oui toi ! Le mec debout qui tremble de peur ! Voilà, toi ! Tu m'aimes ?), et encore moins à une menace (« Si tu ne m'aimes pas,

c'est simple, soit j'avale l'éponge sans mettre d'eau, soit je me mets la tête dans le lave-vaisselle… »). Car il ne s'agirait plus alors d'une envie légitime et compréhensible de tous mais d'une pathologie qui ne va pas sans rappeler Glenn Close dans *Basic Instinct* ou Kathy Bates dans *Misery* (ou pire, vous, quand vous aviez 14 ans et que vous harceliez Gabriel Bogosse).

6 - Conversation de Ginettes : Oubliez-moi !

Ginette, est-ce que tu penses être une fille qu'on n'oublie pas ?

Ah ah, je peux te dire que, moi, mes ex ne m'ont jamais oubliée !

Vraiment ? ! C'est bizarre qu'on n'en ait jamais parlé jusqu'à maintenant !

Si on en a parlé ! Il y a Martin qui m'écrit tous les mois pour récupérer les 2 000 euros que je lui ai empruntés en 2007 et Jules qui voudrait récupérer sa voiture.

Ah c'est vrai ! Tu as trouvé la méthode infaillible pour qu'on ne t'oublie jamais…

Toi et moi savons que tout cela n'est que prétexte ! Ces relances sont seulement l'expression maladroite de leur amour...

Oui, ou de leur découvert...

7 – Journal intime de Ginettes

Tu le sais, cher journal, Ginette et moi sommes très entourées. Aimées même. Par nos proches, par nos collègues de travail, par notre voisinage, par les commerçants (surtout le boucher que je dévalise en coins de jambon), et même par des animaux (c'est simple, quand Princesse, le york de la fleuriste me voit, elle lève la patte de bonheur). J'ai juste une question : est-ce que... Est-ce que toi, toi qui me lis chaque jour, toi qui me connais mieux que personne, toi qui portes la moindre parcelle de mon jardin secret en toi, est-ce que tu m'aimes, cher journal ? Avoue que ce serait ballot que la personne qui me connaît le mieux me déteste. J'attends ta réponse avec une grande impatience. En attendant, je ferme les yeux mais je ne dors pas, OK ? À demain. Et, sans vouloir t'influencer, moi, je t'aime !

Chapitre 3

Être aimée des petits nouveaux

Ah la magie des premiers instants... Ce moment où l'on découvre cet autre, homme ou femme, qui nous intéresse, qui nous intrigue, qui nous captive (ou juste qui nous occupe au cours de la soirée, c'est déjà pas mal), avec son nouvel univers, ses points de vue, ses passions, son expérience, ses expressions, ses fautes de français (comme il ne s'agit pas de celles pratiquées par nos amis, on trouve ça hypeeeeeeer mignon). On est préséduite, il ne nous reste plus qu'à faire en sorte que ce soit réciproque (sinon on est précuite).

1 - Les 5 clés d'une bonne impression

On le sait aujourd'hui, la première impression est décisive. Parce qu'elle peut certes évoluer au fil du temps (« *Je t'assure, elle n'est pas aussi conne qu'elle en a l'air* »), mais rarement disparaître. Cette « intuition » est aussi tenace qu'une tache de vin rouge sur un pantalon blanc : indélébile, même ! Reposez-vous sur quelques grands principes jamais démentis pour que chacun (homme et femme) s'écrie : « *Elle a l'air super cette fille !* » et ce, quels que soient les faits qu'on connaisse sur vous ! Car c'est la magie de la première impression : elle a un effet gommant rétroactif et marque pour longtemps.

1. **La présence immédiate :** En clair, il va falloir agir (et se positionner) très vite. Car la première impression, même si elle n'est pas immuable, compte beaucoup. Avez-vous remarqué la vitesse à laquelle on se fait une opinion sur quelqu'un ? On juge avec la même rapidité que celle à laquelle un pickpocket subtilise un portable posé sur une table. C'est ainsi que fonctionne la première impression… On parle d'un dixième de seconde pour un cerveau tout à fait ordinaire, alors imaginez pour ceux munis d'un RLP (Rayon Laser de Personnalité) tels que les vôtres (les nôtres) : zzzzzz, balayé, analysé, catalogué ! Sachant que l'attractivité et la fiabilité sont les qualités qui sont les plus rapidement évaluées. L'inconnu(e) en face de vous n'a pas encore ouvert la bouche, pas émis un son, pas même déboutonné sa veste en

fausse fourrure (tiens, bizarre avec un bonnet de ski…) que vous avez émis (in petto) des jugements quasi définitifs sur des éléments clés de sa personnalité : sympa/pas sympa, attirant/pas attirant, fiable/pas fiable, compétent/pas compétent, agressif/pas agressif. En clair, est-il (-elle) aimable ou pas, ai-je envie de lui parler, de l'écouter, de lui faire confiance, de le ou la revoir ? Attention donc à ne pas arriver avec la marque du casque de scooter sur le front ou le rouge à lèvres sur les dents en jurant comme un charretier ! Soignez ces premiers instants, qui imprimeront une image de vous et donneront le la de votre personnalité (il serait dommage de commencer par une fausse note !). On vous rassure, rien de très complexe : ayez l'air détendue, contente d'être là et surtout soyez souriante. Un vrai sourire : celui qui provoque un vrai élan de sympathie, celui qui fait plisser les yeux et fait apparaître des ridules aux coins, vous voyez. Pas celui qui mobiliserait exagérément la partie basse du visage – comme si le chat dans *Alice au pays des merveilles* était casté pour une pub Sensodyne – et laisserait le haut figé dans un regard inquisiteur bourré de points de suspension et de points de vue peu flatteurs. Allez, faites-nous un vrai sourire sincère, chaleureux, désarmant, accrocheur. Voilààààà. C'est tout ? Dans les premières secondes, oui… Et c'est même déjà pas mal de messages envoyés, à affiner au fil de la soirée.

2. **La pétillance :** Alors oui, dans la vie tout est affaire de goût ! Mais la pétillance, qu'elle soit alcoolisée ou dans le caractère, est souvent une qualité communément appréciée. Il est vrai que certaines natures y sont

plus enclines que d'autres mais comme dans tout, il suffit d'une bonne intention pour que l'affaire soit au trois quarts dans le sac : faites des efforts pour écouter, non seulement on vous trouvera immédiatement sympathique, mais vous rebondirez bien mieux sur chaque sujet. Évidemment, la légèreté est la meilleure des cartes de visite, ce qui passe par une vision positive des choses (ce n'est pas le moment de partager vos pulsions Nutello-boulimiques ou vos problèmes d'arthrose), une certaine forme de détachement dans le ton et, à condition qu'on en ait un minimum, l'utilisation du sens de l'humour. Dans tous les cas, ne vous prenez pas trop la tête, apportez de la fantaisie, sous quelque forme que ce soit et, adaptez en fonction de vos aptitudes naturelles (faites des citations si vous en connaissez, des imitations si ce n'est pas Jacques Chirac, un tour de chant si ce n'est pas Kendji Girac, un tour de magie si vous ne mettez pas le feu à l'appartement…). N'ayez pas peur d'être vous-même, donc.

3. **L'intérêt aux autres :** Vous connaissez le piège majeur lors d'une première rencontre ? Vouloir impressionner, montrer en quelques minutes combien nous sommes un être passionnant, fin, subtil (SI ON VOUS DIT QU'ON EST SUBTIL !). Sachez que rien n'est plus fatigant (et moins crédible) que quelqu'un qui essaie de se vendre ! On n'est pas au BHV, personne ne va finir par vous acheter ! C'est exactement le contraire qu'il faut faire si l'on désire agrandir son cercle d'amis, puisque rien ne séduit plus les autres que quand on s'intéresse à eux. La démarche vous semble artificielle ? Pas si vous vous

dites que l'intérêt que vous portez aux autres vous apprendra forcément quelque chose ! Vous croyez qu'ils font comment, les journalistes ?

4. **La gestuelle aimable :** Le langage corporel véhiculant plus de messages que la parole, la gestuelle est un élément capital de la première impression ! Petit rappel des règles de base :

– **Regardez les gens droit** dans les yeux (signe que vous êtes franche et que vous n'avez pas peur de l'autre) et pas au-dessus des épaules de votre interlocuteur pour voir si quelqu'un de plus intéressant ou de plus connu arrive…

– **Acquiescez** quand vous êtes d'accord avec l'autre et faites-le visiblement, en hochant la tête (vous affirmez vos positions, surtout positives).

– Tenez-vous **droite** (sinon vous avez l'air d'être accablée par la vie).

– Si vous êtes en soirée, **déplacez-vous dans le lieu** (montrez que vous êtes à l'aise dans l'espace, du moins si vous ne faites rien tomber) et montrez-vous ainsi au plus grand nombre.

– Soyez **souple** dans vos mouvements (les gestes saccadés sont signe d'anxiété).

– **Détendez** votre visage (attention aux sourcils froncés, tout le monde a peur de se faire gronder).

– Ne vous **rongez** rien : ni les ongles des mains, ni ceux des pieds, ni un stylo, ni les petites peaux des lèvres… (et notamment parce que ça saigne).

5. **La bonne diction :** L'importance de la voix, de la façon dont vous la placez, de votre prononciation… Si vous aurez du mal à changer le timbre de votre

voix (du moins sans donner à penser que vous vous lancez dans une imitation de Robert Hue si vous avez la voix grave, de Carla Bruni si vous avez la voix aiguë), vous pourrez toutefois influencer :

– **Votre débit :** Il doit être tonique mais calme et régulier, signe d'aisance et de maîtrise de soi.

– **Votre intonation :** Pas monocorde mais pas dans une ambiance tyrolienne non plus, n'exagérons rien. La mélodie de vos phrases doit être montante, pour plus d'enthousiasme (et moins de dépression).

– **La clarté de votre diction :** Nous faisons appel à votre logique, trouveriez-vous ce Péruvien sympathique si vous ne parliez pas sa langue ? Ou alors serait-ce parce qu'il joue de la flûte de pan ? Mais avouez qu'on a toujours un peu de mal à aimer quelqu'un qu'on ne comprend pas ! Articulez donc les syllabes et démarrez-les de façon énergique. Et faites en sorte que « Cette chose » ne devienne jamais « C'teu chose », ni « S'il vous plaît » « Siou plaît ! »

2 - Les phrases qui changent tout au moment de la rencontre

Et bla-bla-bla et patati et patata… Mais que sommes-nous en train de dire ? Des mots qui entraînent une bonne impression ou une grosse dépression ? Lisez et testez-vous : vous diriez plutôt quoi, vous, quand vous rencontrez quelqu'un ?

« Ah mais moi, je n'ai jamais de chance ! »

Grosse dépression

(Qui a envie de se faire ami avec une poissarde ?)

« Tu fais quoi dans la vie ? »

Bonne impression !

(Commencer par donner la parole à l'autre, un excellent début !)

« Est-ce que je vous ai raconté mon parcours scolaire puis universitaire qui a fini par déboucher sur une intégration en DESS de physique quantique dont je suis sortie dans les trois premières ? Enfin quatrième mais à un quart de point près et j'ai fini par contester la note globale bla bla blou blou. »

Grosse dépression

(Stooooop : on s'en fouuuuuuut !)

« Il faut toujours se méfier de tout le monde. »

Grosse dépression

(Si on doit toujours se méfier de tout le monde, on doit aussi se méfier de vous, donc…)

« C'est vraiment cool d'être là ! »

Bonne impression

(Du coup, c'est cool de partager ce moment avec vous.)

« Elle est horrible cette fille ! Et l'autre là, c'est un humain, vous pensez ? Ha ha ha, qu'est-ce que je me marre ! »

Grosse dépression

(Au fond, en déficit de confiance en vous, c'est à vous que vous adressez toutes ces critiques.)

« Quels sont vos projets ? »
Bonne impression
(Parler d'avenir, de rêves, de projections constructives crée des émotions positives chez l'autre.)

« J'adore les tableaux d'Emma ! »
Bonne impression
(Savoir valoriser un travail, être admirative des autres, c'est généreux et ça donne envie.)

« Vous connaissez la différence entre un petit pois et un jaune d'œuf ? »
Grosse dépression
(Et la différence entre une fille drôle et fine et une fille relou, vous la connaissez ?)

« Je déteste les gens qui… »
Grosse dépression
(« … Qui disent « Je déteste les gens qui » ?)

3 - Et la deuxième impression, dans tout ça ?

À force d'insister sur la fameuse première impression, on vous voit déjà vous demander si la deuxième existe. Évidemment ! Et heureusement ! Même si elle ne sera qu'une affirmation, une infirmation ou une précision de la première… Prenons les deux cas extrêmes : vous avez fait une excellente impression ou la pire qui soit. Comment gérer au mieux cette nouvelle séance ? Tout en finesse et en haute définition, comme les Ginettes.

★ 1re impression : **Vous avez fait un carton plein ! (tout le monde vous a trouvée absoooolument géééééniale, vous couvre de louanges et bénit la personne qui vous a présentée).** Il faut dire que vous étiez en pleine forme et que toutes les planètes semblaient aller dans votre sens (même celui de l'humour) ! Tout vous a réussi, et une sorte de standing ovation oculaire a accompagné votre départ (= des applaudissements de cils effrénés). Sauf que… comment allez-vous tenir un tel niveau, qui relève presque du miracle, une deuxième fois ?

2e impression : **Il faut transformer l'essai.**

– **Soyez détendue !** La première impression est faite donc ne pensez pas que vous rejouez à chaque instant et avec la même intensité votre image auprès de vos nouvelles connaissances (et heureusement, sinon à la dixième rencontre, on vous hospitalise). Acceptez la sous-performance puisque vous ne ferez pas mieux, et faites baisser la pression : même si les planètes ne sont pas dans votre signe astral, vous restez la même ! Sauf erreur de votre part (insulte, tentative de strangulation sur autrui…), les autres devraient s'en rendre compte. Vous n'êtes pas une vache en attente d'une médaille au Salon de l'agriculture, donc relativisez l'enjeu : il s'agit simplement de montrer votre plaisir de les revoir !

– **Restez dans le même esprit que lors de la première rencontre** (légèreté, humour, sensibilité)… Vous avez une identité (qui n'est pas basée sur la cyclothymie) et vous êtes cohérente… Soyez rassurante et aimable !

– **Reparlez des bons moments** que vous avez passés avec eux, des anecdotes éventuelles, du bon mot qui a fait rire tout le monde (et qui ne vient pas de vous). Oui, vous avez déjà des souvenirs avec eux. Et vous montrez par la même occasion que vous vous rappelez de ces moments parce que, pour vous aussi, ils ont compté.
– **Faites votre deuxième impression par écrit.** Quelques SMS, un message sur Facebook… Beaucoup plus facile à maîtriser et forcément touchant pour vos nouveaux amis…

Ce qu'il ne faut surtout PAS faire :
– **Avoir l'air nerveuse :** Est-ce aux tremblements de vos mains ou à la moiteur du dessus de votre lèvre que tout le monde ressent à quel point ces retrouvailles sont pour vous un enjeu ? Le stress de performance n'est jamais très sexy à voir, parce qu'il porte en lui la notion d'échec. Aaaaah… le mot est lâché !
– **Tenter désespérément de montrer d'autres facettes de sa personnalité** (la facette contestataire, la facette mélancolique, la facette cinglante) et finir par ressembler à une grosse boule clinquante et disco un peu démodée dont plus personne ne veut.
– **Se prendre trop au sérieux** et penser que tout en vous intéresse les foules… Vous déclinez votre bio, vous élisez vos 10 livres de chevet, dressez le top 3 de vos films préférés… Rassurez-vous, bientôt, vous allez pouvoir dresser un top 10 : celui des personnes qui vous aimaient bien et que vous venez de perdre.

★ **1re impression : Glauque (vous étiez malade, un peu déprimée, légèrement agressive...)**
Oui, même les Ginettes, pourtant souvent montées sur piles Alcaline, peuvent accuser à certains moments une petite baisse de dynamisme, de jovialité et de convivialité (par exemple suite à une cuite monumentale prise la veille – en ce cas, elles évitent de bouger la tête, les lèvres, la langue, les paupières et préfèrent rester sous la couette avec leur migraine).

2e impression : Il faut relever le niveau
– **Ironisez sur votre mauvaise performance !** Vous avez été mauvaise, la belle affaire, personne n'est mort, la stabilité des relations européennes n'est pas en jeu et les fondamentaux de votre personnalité non plus. Le simple fait de parler de votre attitude peu à la hauteur avec un peu de recul et le sourire aux lèvres vous donnera de l'envergure, montrera votre force de caractère et créera une complicité.
– **Déchargez-vous :** Mettez tout sur le compte d'une gastro, d'une pendaison de crémaillère tardive, d'un traitement hormonal, de ce que vous voulez mais sachez signifier que votre comportement a été induit par des conditions exogènes à votre comportement.
– **Soyez bonne (au sens de sympa, conviviale, à l'écoute...) :** Eh oui, il n'est jamais trop tard pour bien faire !

Ce qu'il ne faut surtout PAS faire :
– **Se dévaloriser** : À quoi sert de revenir sur le sujet en vous plaçant à peu de choses près au rang

d'une serpillière ? Expliquer que vous n'avez pas été nulle, mais minable ? Tenez… Ce moment, par exemple, où vous avez pris le dernier petit-four en hurlant « Ça, c'est ma mignardise, ma grosse, c'est compris ?! » : c'était nul, non ? Oui, sauf que personne n'avait entendu. Que cherchez-vous, au juste, en vous dévalorisant à ce point ? À ce qu'on vous rassure ? Mais c'est à vous de rassurer les autres et pas le contraire. À moins que vous ne cherchiez à vous saborder… Parce que là, nous nous devons de vous féliciter : vous êtes à deux doigts de réussir !

– **Rejeter la faute sur quelqu'un d'autre :** D'habitude, vous êtes cool, mais là, avec cette scène improbable à laquelle vous avez assisté, comment auriez-vous pu garder votre flegme ? De quelle scène vous parlez ? De l'agressivité inouïe de la grande blonde (porter la même robe que vous, si ce n'est pas de la provocation…) ! Attention, deux impressions négatives n'ont jamais donné une impression positive, ce n'est pas comme les multiplications !

– **S'excuser exagérément :** « Oh pardon ! Ah désolée ! Ah si vraiment ! Ah là là là là là là ! Auprès de qui dois-je implorer le pardon ? Et au fait, combien vous dois-je ? » Mais que vous prend-il ? Vous avez cassé la table basse ? Fait pipi sur le tapis ? Non ? Donc arrêtez l'autoflagellation, non seulement vous n'êtes plus crédible, mais ça ne donne qu'une envie aux autres : celle de vous flageller.

– **Nier :** « Quelle bonne soirée ! Hein ? Ah si, vraiment ! Un moment absolument dé-li-cieux ! » OK. Donc si ce moment était délicieux, tout le monde imagine aisément la qualité de vos autres soirées.

– **Disparaître :** Un nouveau défaut va s'ajouter au tableau de votre prestation première : la lâcheté ! Comme ça le tableau sera complet.

4 - Faire envoler son cercle d'amis : l'effet papillon

Vous connaissez l'erreur la plus fréquemment commise quand on veut se faire de nouvelles relations ? Vouloir se faire de nouvelles relations. Trop directement, on veut dire... Cibler au centre sans en passer par les chemins de traverse. On n'agrandit pas son cercle d'amis sur un claquement de doigts. On tricote au contraire son réseau comme on le ferait avec un pull hivernal (on monte les manches, le dos, le devant...). Et pour atteindre son objectif, rien de mieux qu'une petite action ici qui entraîne un changement là, le fameux effet papillon (« Le battement d'ailes d'un papillon au Brésil peut provoquer une tornade au Texas ! »).

★ Les 5 effets papillon gagnants

1. **Vous organisez des dîners avec vos amis** (plus cohérent qu'inviter des inconnus dans votre salle à manger) ➜ vos amis ont des amis ou des relations que vous ne connaissez pas ➜ ils vous rendent les dîners que vous organisez ➜ et invitent leurs amis avec lesquels vous sympathisez ➜ vous rendez le dîner en n'oubliant pas d'inviter les amis si

sympathiques de vos amis, puisque vous êtes polie ➜ vous avez de nouveaux amis.

2. **Vous achetez une paire de rollers** ➜ vous ressemblez à Bambi lancé sur une piste noire aux JO d'hiver (stabilité zéro) ➜ au bout de trois gamelles contre un réverbère, une vitrine de boutique ou tout autre élément solide capable de vous arrêter dans votre folle lancée, vous décidez de vous stopper dans les bras de séduisants inconnus ➜ vous avez de nouveaux amis.

3. **Vous vous inscrivez à la boxe ou au Krav Maga** (vous pratiquez un sport de contact) ➜ pour être en contact, il faut au moins être deux ➜ être en contact, ça rapproche ➜ vous avez au moins un-e nouvel-le ami-e.

4. **Vous allez dans le café qui vous ressemble le plus** ➜ vous devenez une habituée ➜ les serveurs vous appellent par votre prénom ➜ vous papotez avec eux ➜ les serveurs papotent avec d'autres gens ➜ vous papotez avec d'autres gens par transitivité ➜ vous avez de nouveaux amis.

5. **Vous souhaitez les anniversaires (par SMS, pas sur Facebook)** ➜ vos amis sont ravis ➜ dans le tas, l'un d'entre eux organisera une soirée d'anniversaire, il pensera à vous inviter ➜ vous rencontrez des gens dans une ambiance festive ➜ vous avez de nouveaux amis.

★ Les effets papillons qui battent de l'aile

– **Attendre** dans un square l'air triste qu'on vienne vous parler (fait flipper).

– **Draguer** un mec pour entrer en contact avec ses amis (fait tordue).

– **Donner et faire des cadeaux** pour qu'on vous aime (fait pitié).

– **Dire** « Mais j'ai super envie de me faire de nouvelles relations euh ! » pour qu'on se précipite (fait bébé).

– **Parler** aux gens qui vous plaisent dans les transports (fait nymphomane).

– **Sauter sur les passions** des autres pour créer un lien avec eux (fait crevarde).

– **Faire comme si** vous n'étiez pas intéressée par les gens qui vous parlent pour attiser l'envie de vous connaître (fait rien).

5 - Conversation de Ginettes : Première dépression

Ginette, tu te souviens de ta première impression quand tu m'as vue ?

Oui, comme si j'y étais !

Et alors ?

Très mauvaise...

HEIN ?! Très mauvaise ?!
C'est pas vrai ?!

Si, c'est vrai !

Mais c'est-à-dire, expliiiiiiique ?!

Ben je sais pas... Un sentiment diffus... Genre, elle prend la parole sans arrêt, elle monopolise l'attention, elle parle fort...

Ginette ?

Quoi ?

C'est normal de parler fort et d'attirer l'attention quand on anime une conférence !

Je m'en souviens très bien ! Sur l'amour de soi, justement. Mais quand même... un petit truc, là, me faisait dire que tu te la pétais. Ta façon de dire « Vous avez des questions ? » à la fin peut-être... Genre, ce que je viens de dire est tellement intéressant que vous voulez certainement rebondir...

Et tu as été la seule à rebondir...

Ben oui ! La preuve que tu te la pétais pour rien !

6 - Journal intime de Ginettes

Cher journal,

Tu le sais mieux que personne : Ginette est ma moitié, mon double, une extension de moi-même (avec quelques kilos en moins, c'est vrai mais j'arrête dès ce soir les profiteroles au chocolat)... Sauf que de temps en temps je me dis qu'on ne voit plus assez de gens. C'est important d'agrandir son cercle d'amis ! Le truc, c'est comment lui en parler ? Ah tiens, justement... Voici un SMS de Ginette (elle ne peut plus rien faire sans moi). Hein ?! Elle... annule... notre verre de rosé de demain ? Et en quel honneur ? Quelle est la graaaaaande urgence ?! Une invitation de sa nouvelle voisine. Bah non, Ginette ! Priorité aux vieilles amies. Bon, on en était où ? Qu'est-ce que je disais déjà ?

Chapitre

4

Être aimée de sa famille

« On choisit ses amis, on ne choisit pas sa famille », dit le proverbe. Certes, mais à partir d'un certain âge, on peut choisir nos relations avec elle ! Car au lieu d'attendre passivement que rien ne s'arrange, il est possible de faire évoluer les choses, y compris lorsqu'il s'agit de ses propres parents, avec qui les relations ont été tissées en double maille serrée à base d'années de discussion, de bras de fer, de joies et de renoncements...

1 - Ses enfants

Les Ginettes ont écrit tout un livre sur le sujet que vous trouverez sous le titre de *Maman mais avec une vie*, alors permettez qu'ici elles aillent droit au but sans trop se répéter : bien sûr que vos enfants vous aiment de façon inconditionnelle ! Même si vous avez parfois du mal à le croire… Qu'ils vous fassent tourner en bourrique, qu'ils hurlent, qu'ils refusent de mettre leurs chaussures, qu'ils vous donnent des coups de coude n'a rien à voir avec un éventuel désamour qu'ils vous porteraient. Tout ça, c'est de l'amour exprimé de façon brutale mais de l'amour quand même. Votre boulot à vous ? Les aimer en retour ! Ce qui signifie…

1. Accepter seulement l'acceptable. **2.** Non, les coups de coude dans le ventre, ce n'est pas acceptable, ça fait mal. **3.** Les hurlements au rayon jouets du Monop non plus. **4.** Ni les cris à table. **5.** Enfin, vous voyez quoi… **6.** Dire non quand c'est non ! **7.** Ne pas avoir peur que ce soit mal pris. **8.** Ça va être mal pris. **9.** Mais ça ne doit pas vous freiner. **10.** Ça s'appelle fixer des limites. **11.** Ne pas dire oui si le père vient de dire non. **12.** Et vice versa. **13.** Sinon, bonne chance ! **14.** Ne pas hurler. **15.** Oui, même s'ils hurlent. **16.** Ne pas leur hurler qu'il ne faut pas hurler. **17.** T'AS COMPRIIIIIIS ? **18.** Jouer avec eux. **19.** Sans que ça vous saoule. **20.** Ne les réduisez pas seulement au statut d'enfant. **21.** Ce sont des personnes à part entière. **22.** Pour connaître les gens, il faut passer du temps avec eux. **23.** Du temps choisi, pas du temps imposé. **24.** Sans leur crier dessus. **25.** Ne les croyez pas quand ils vous disent qu'ils vous détestent. **26.** Ils sont colère. **27.** Ils ont le droit d'être colère. **28.** Vous aussi d'ailleurs. **29.** Après, ce n'est pas parce qu'ils sont en colère qu'ils peuvent faire n'importe quoi ! **30.** Allez, va te calmer dans ta chambre, moi je vais me calmer dans la mienne. **31.** Les regarder dormir. **32.** Ça aide à les aimer. **33.** Ne les forcez pas à aimer les choses que vous aimez. **34.** Comme le chou-fleur. **35.** Même si c'est trop tendance en ce moment. **36.** Même brûlé, ça ne passe pas. **37.** Ils découvriront cette saveur unique plus tard. Ou pas. **38.** Être cohérente. **39.** Ça supprime la créativité mais c'est indispensable. **40.** Ils aiment avoir des repères. **41.** En clair, ne pas leur donner un pain au lait à 18 h 30 après avoir hurlé « Non, tu n'en auras pas ! » pour avoir la paix. **42.** Hiérarchiser les bêtises. **43.** Et les punitions. **44.** Un verre d'eau renversé par maladresse n'est pas une bêtise. **45.** Un vase non plus. **46.** Un tableau lacéré à coups de couteau en bois, si ! **47.** Les deux premiers ne méritent pas une punition. En revanche, le troisième… ! **48.** Hiérarchiser, c'est être juste. **49.** Donc être crédible. **50.** Donc être aimable.

Voilà pour l'essentiel. Mais n'hésitez pas à faire le plein d'autres petites choses tout à fait nécessaires à votre bien-être et le sien. Vous savez où, on ne vous redonne pas le titre !

2 - Ses parents

Allons-nous vraiment continuer à nous traîner à l'âge adulte des relations tendues avec nos parents ? N'est-ce pas ridicule ? Alors que nous pourrions leur demander quelques menus services, on veut dire, comme leur faire garder les enfants, leur faire faire des rideaux et, à l'occasion, leur faire compléter notre PEL ? N'est-il pas un peu dommage de les avoir supportés toutes ces années pour ne pas en tirer quelques petits bénéfices (ne jouons pas aux cyniques, si on pouvait en profiter pour devenir enfin la chouchoute de ses parents, même à notre âge, on ne dit pas non) ? Voici les 4 commandements des Ginettes pour détendre l'atmosphère, l'atmospère et l'astmosmère :

1. **Sur le passé relou avec eux des plaisanteries tu feras :** Quoi de plus jouissif pour vous et pour eux que de tourner en dérision ce qui a été l'objet de mois, voire d'années de conflits ? Et comment ne pas vous aimer, vous qui avez cette force, ce recul et ce pardon sous-jacent ? Oui, aujourd'hui, vous pouvez rire de tout : des surnoms dont ils vous ont affublée (*Jambonnouille*, un mix entre votre embonpoint et votre goût pour les petites pâtes), des principes éducatifs obsolètes (« Tu la vois cette main ? Bien, maintenant tu vas la sentir ! »), des interdictions étranges (« Mais ça ne va pas la tête ?! Non tu n'arroseras pas le yucca ! »). Vos parents seront-ils, à charge de revanche, capables de rire de l'incendie

que vous avez mis dans le salon ? Ah non ? Bon, visiblement, eux ne sont pas totalement prêts.

2. **Des compliments (hors bouffe) tu formuleras :** Par quel drôle de processus mental réduit-on, en vieillissant, les qualités de sa mère à celles de chef cuistot ? Par quelle pensée magique imagine-t-on que cette femme qui est notre mère et qui passe une partie de sa vie chez Sephora et l'autre à essayer de rentrer dans un 40 se contentera d'un compliment dominical sur son carré d'agneau ou son gratin au sésame ? Observez-la comme s'il s'agissait de la mère d'une copine et dites-lui combien elle est belle/drôle/intelligente/sympa… Et même vous, en la regardant différemment, vous la respecterez davantage…

3. **Des petits cadeaux inopinés tu offriras :** Avec le nombre de services que vous leur demandez, vous ne croyez pas qu'un petit geste de temps en temps serait bien vu ? Car vous êtes au courant, quand même ? Aucun grand-parent aujourd'hui n'a envie de sacrifier un cinéma, un week-end à Berlin et même trois jours à Center Parcs pour garder ses petits-enfants. Eh oui, les temps ont changé !

4. **De ce que vous devez à vos parents vous parlerez :** Nous ne parlons pas que d'argent, mais aussi de ce que vous leur devez moralement, psychologiquement, humoristiquement… Mais si, cherchez bien : vos parents vous ont aussi apporté des choses positives ! Des valeurs, une éducation… Oui, voilà, par exemple, vous êtes en vie ! C'est qu'ils ont su vous protéger… Vous voyez quand vous voulez !

3 – Ses beaux-parents

N'avons-nous pas une image légèrement obsolète des rapports entre beaux-parents et beaux-enfants ? Eh non, ne rêvons pas, c'est toujours la galère ! On dirait même que la complexité de ces relations est intégrée à la définition même des mots « beaux-parents : personnes qui voient en cette jeune femme qui se tient sagement en face d'eux le sourire aux lèvres et qui vous ressemble comme deux gouttes d'eau une voleuse perverse vénale ». Peut-être, mais ça, c'était avant qu'on rectifie le tir.

★ Effet bluff ou effet bof ?

De bonnes relations tiennent souvent à rien ou alors à vraiment pas grand-chose ! Une petite phrase par-ci… Un petit geste par-là… Encore faut-il ne pas se tromper de phrase ou de geste qui, en fonction de leur nature, peuvent avoir un effet bluff ou un effet bof.

- **Dire « Ah non, on ne va pas déjà partir quand même ! » au moment où votre mec veut lever l'ancre après 3 heures de déjeuner chez eux.**

→ **Effet bluff.** Évidemment que ça va leur faire plaisir (sauf s'ils s'écrient « Ah non, par pitié, vous n'allez pas encore rester trois plombes ! »). L'essentiel des différends entre beaux-parents et belle-fille vient du postulat qu'aucune des deux parties n'aime l'autre. Déterrez la hache de guerre en premier et ils seront totalement désarmés (c'est le cas de le dire).

- **Tutoyer ses beaux-parents au bout d'une semaine (qui ne vous ont rien demandé).**

→ **Effet bof.** On voit l'idée : vous pensez que le tutoiement va créer de la complicité. Vous vous trompez de sens : c'est plutôt la complicité qui crée le tutoiement.

- **Dire « C'est fou ce que vous vous ressemblez ! » (et ajouter, c'est trop mignon !).**

→ **Effet bluff.** Si vous voyez des points communs entre l'homme que vous aimez et ses parents, c'est que vous aimez, du moins en partie, ses parents ! Regardez comme ils sont contents !

- **Rallier le point de vue de vos beaux-parents (et s'il le faut, contre celui de votre mec).**

→ **Effet bluff.** Comment pourraient-ils ne pas succomber à celle qui est capable de les défendre et qui va dans leur sens ? Attention à ne pas en faire trop tout de même, sauf si votre rêve est de vivre avec vos beaux-parents sans votre mec (qui en aura assez de vous voir vous opposer à lui, même s'il s'agit de défendre ses chers parents) !

- **Être d'accord avec votre mec contre eux (pour montrer que vous l'aimez et que vous n'êtes pas avec lui que pour son argent !).**

→ **Effet bof.** Ils en déduiront que, si vous êtes capable d'aggraver les choses entre lui et ses propres parents, c'est que vous ne l'aimez pas vraiment (et ils auront bien raison).

- **Faire la timide.**

→ **Effet bluff.** Mais oui, c'est toujours ultra-tendance la timidité ! Et surtout lorsqu'on est chez ses beaux-parents ! Ils associeront timidité et timide place que vous prendrez dans sa vie. Vous en ressortirez moins menaçante, et ils auront la sensation de ne pas voir bientôt entièrement disparaître de leur vie leur précieux fifils.

4 – Ses frères, ses sœurs (et ses cousins)

Celles et ceux qui n'ont ni frère ni sœur (ni super cousine) pourraient croire qu'un tel lien, une telle proximité, un tel partage génétique demande aussi peu d'entretien qu'un four autonettoyant et qu'il suffit que les choses aient été posées dans l'enfance pour qu'elles restent aussi fortes qu'elles l'ont été. Mais vous qui avez frère, sœur, super cousine (voire les trois), savez qu'il arrive qu'au-delà des rires qui résonnent encore dans vos oreilles certains grincements refassent surface : ce frère ne vous a-t-il pas un peu piqué l'amour de vos parents ? Votre sœur ne vous a-t-elle pas toujours reproché d'avoir de plus belles fesses qu'elle ? Et ne saviez-vous pas dès votre plus jeune âge que, grâce à la Barbie Mariage qu'elle a reçue à Noël, votre cousine irait devant Monsieur le maire bien avant vous (et grâce à la Barbie Séductrice offerte pour son anniversaire, avec l'un de vos ex !) ? Mais que les tensions subsistent ou que vos rapports avec votre fratrie se soient seulement distendus

du fait du quotidien, il est possible de retrouver cette petite lueur dans leurs yeux prouvant que, oui, vous voilà à nouveau aimée par vos proches de sang.

★ *Les 5 petits gestes aimants aux grands effets aimables...*

1. **Le petit coup de fil :** « Tu vas bien, sœurette ? Oui ? Non ? Comme ça, juste pour avoir de tes news... » Rassurez-vous : ce petit geste devrait vous prendre un minimum de temps. Car elle, comme vous, est pressée ! Elle, comme vous, doit aller travailler. Elle, comme vous, est sous la pluie et voudrait bien raccrocher avant de voir ses cheveux mousser comme une bière pression ! Il s'agit juste de lui signifier que vous vous souciez suffisamment d'elle pour l'appeler. Ça fait longtemps qu'elle ne vous avait pas autant aimée...

2. **La petite photo froissée :** Oui, celle retrouvée pendant une séance de rangement (ou au cours d'un déménagement), sur laquelle vous figurez aux côtés de cette sœur, ce frère, cette cousine, cette photo de vous et de ce proche à qui vous faites un bisou ou à qui vous tenez la main... Une photo que vous capturez et que vous envoyez spontanément dans un grand élan d'émotion par MMS. Émotion reçue : entendez le petit cri de votre proche (« Ooooooh, j'avais oublié mais c'est trooooop mignon ! »). Et voilà !

3. **Le petit like :** Honnêtement, qu'est-ce que cela vous coûte ? Un clic sur un pouce levé... L'action la plus proche d'un non-geste. Et plus rapide qu'un

éternuement ! De l'autre côté du clic, votre frère, votre sœur ou votre cousine, recevant une petite décharge d'adrénaline. Qui se transformera immédiatement en un crédit amour pour vous…

4. **La petite mise au point sur le passé :** Vous êtes désolée. Vraiment désolée. D'avoir retiré la chaise au moment où elle a voulu s'asseoir/d'avoir énucléé Nono le nounours/de ne pas l'avoir emmenée au concert de Jean-Jacques Goldman/de l'avoir laissée seule à la maison devant Patrick Sabatier alors que vous aviez promis à vos parents de la garder. Et de lui avoir fait promettre (sous la menace) de garder le secret… En reconnaissant que vous n'avez pas toujours été tendre avec elle à l'âge tendre, vous faites un grand geste pour le bien de la sororité.

5. **Le petit câlin (ou le petit bisou) :** Parfois, une fois adulte, on est aussi empotés entre frères et sœurs qu'entre tristes inconnus. On en viendrait même à tendre la main plutôt que la joue pour se saluer à Noël. Prendre sa sœur ou son frère dans ses bras, même si c'est pour rire, ça dissipe le malaise et ça signifie qu'on reste particuliers l'un pour l'autre. Ce serait trop bête de l'oublier.

5 - Ses beaux-enfants

Ah Lorenzo ! Son humour, son ventre plat, ses enfants !… Ses enfants ??? Oui, le bel Apollon est livré avec deux marmots morveux. Que faire ? Quitter Lorenzo ? Oh non alors !

Pourquoi gâcher ? Pour une fois que vous rencontrez un homme intéressant… Que faire ? Sauter à pieds joints dans le costume propret de la belle-mère parfaite ? Dans quel but ? Impressionner Lorenzo par votre connaissance ex-nihilo des œuvres de Dolto et votre imitation de Kermit la grenouille ? Oubliez ! Il ne cherche pas une mère pour ses enfants, ils en ont déjà une, mais il cherche une femme pour lui. Alors comment investir ce billard à trois bandes sans vous prendre une boule dans la tête ? Comment trouver le parfait équilibre entre une vie de couple qui démarre et une vie de famille recomposée à construire ? Comment trouver une juste place auprès des enfants sans vous tromper de partition ? Pour que vous ne vous passiez pas de belle-mère à belle-poire en deux temps, trois mouvements, voici quelques conseils made in Ginettes.

★ Les 8 principes d'une belle-mère épanouie

1. **Elle ne force pas la rencontre.** Tant que Lorenzo ne manifeste pas le besoin de vous présenter à ses enfants, il n'y a aucune raison pour que vous organisiez de votre propre chef un après-midi au parc. Vous vous rencontrerez quand tout le monde sera prêt (votre projet d'installation à deux ou de mariage, par exemple). S'il tient à officialiser votre rencontre, il peut déjà leur montrer la photo de votre profil Facebook. Ainsi, ils sauront que vous

existez et pourront mettre un visage sur la femme dont parle leur père.

2. **Elle ne se prend pas pour la mère bis des petits angelots.** Imaginons que les présentations sont faites, que vous habitez avec le père et que vous devez faire maison commune un week-end sur deux. Vous devenez leur belle-mère officielle. Alors, autant que tout se passe bien. Impliquez-vous à la hauteur de vos capacités, ne tentez pas d'en faire trop (vous n'êtes pas une GO du Baby Club Med) et laissez une bonne place au père. Ce qui signifie que vous n'êtes pas systématiquement celle qui doit leur préparer à déjeuner, aller les chercher à l'école, les faire goûter, les consoler, les doucher, les sortir, les gronder, les coucher… C'est aussi le boulot du papa, autant qu'il le comprenne vite si ce n'est pas clair pour lui. Et si on vous reproche votre désinvestissement, on en connaît à qui on a reproché leur surinvestissement… Préservez-vous et optez pour la critique la moins injuste !
3. **Elle met le père en première ligne.** Mettez-vous bien dans la tête que pour eux votre parole est inaudible. Face à eux, c'est comme si vous étiez muette, ils n'écoutent que leur père. Lequel peut ne rien dire du tout, ce qui complique beaucoup votre tâche. Ne les forcez pas à avoir une alimentation équilibrée si le père s'en fiche de les voir se gaver de pizzas, ne leur demandez pas de ranger leur chambre si le père hausse les épaules derrière vous, c'est peine perdue. Vous avez des messages

à leur faire passer ? Passez par lui ! Et s'il ne veut pas répercuter parce qu'il ne veut pas les brusquer, les pauvres choux… C'est son choix.

4. **Elle ne se sent pas coupable.** Quand bien même il aurait quitté la mère de ses enfants pour vous, vous n'êtes pas coupable d'avoir mis en miettes une famille parfaite. Vous ne l'avez pas obligé à quitter la mère, si ? Après, que les enfants trouvent la situation insatisfaisante… rien de plus normal. Évidemment qu'il est tentant de penser que, si le grand est devenu une bille à l'école et si la petite de 5 ans resuce son pouce, c'est parce que VOUS les avez arrachés à la chaleur d'un foyer familial. Peut-être aussi qu'on vous fait porter le chapeau de manière plus ou moins limpide : « Avant, quand on était tous ensemble, ils étaient tellement joyeux… » Ne vous vautrez pas dans le rôle de la mauvaise fille. Que le père prenne ses responsabilités, qu'il assume et tienne bon la barre. Ou pensez à fuir le navire avant qu'il ne prenne trop l'eau.

5. **Elle ne critique pas leur mère.** Peut-être s'en donnc-t-elle à cœur joie devant ses gosses mais ne mordez pas à l'hameçon : « Maman dit que tu es une voleuse de mari et que tu nous fais grossir. » Si c'est ce qu'elle pense, vous n'allez pas la faire changer d'avis. Alors bouclez-là, laissez dire et allez prendre un bain.

6. **Elle ne se mêle pas de principes éducatifs.** Comme nous l'avons dit plus haut, vous n'êtes ni leur mère, ni leur nounou, ni leur maîtresse… Vous êtes juste leur belle-mère. Alors pourquoi voulez-vous

absolument les rééduquer selon vos principes ? C'est peine perdue. Ça vous désole qu'ils passent leur week-end enfermés devant Netflix ? Tant pis ! Contentez-vous d'être ferme sur tout ce qui vous concerne directement : pas d'insultes, de gros mots, de portes claquées sur votre nez… Ils vous doivent le respect comme à n'importe quel autre être humain.

7. **Elle est honnête avec eux.** Mieux vaut annoncer la couleur d'emblée : « Je ne suis pas votre mère et je ne serai jamais votre mère. Et je ne chercherai jamais à la remplacer. Dans cette maison, c'est votre père qui décide pour tout ce qui vous concerne. En revanche, c'est aussi ma maison, donc vous pouvez mettre le bazar dans votre chambre mais pas ailleurs. Si vous avez faim ou si vous voulez faire de la pâte à modeler ou aller au zoo, voyez avec lui. »

8. **Elle peut s'attacher mais…** Si un jour l'histoire se termine avec le père, sachez que vous ne reverrez sans doute jamais ces enfants. Sauf si vous êtes devenue maman de leur demi-frère ou sœur. Évidemment, c'est triste parce que même sans le chercher ni le vouloir vous avez beaucoup donné et beaucoup reçu en échange. Vous commenciez même à bien les aimer, ces petits morveux. Mais que voulez-vous, tel est le sort commun de toute ex-belle-mère…

6 - Conversation de Ginettes : Entente cordiale

Alors, le spectacle de fin d'année de tes beaux-enfants, c'était comment ?

Très bien !

Ils étaient mignons dans les costumes de fleurs que tu leur as fabriqués ?

Sûrement, j'imagine.

Comment ça, tu imagines ? Tu n'y es pas allée ?

En fait, je n'ai pas été invitée.

Tu t'es tapé la confection des costumes tout le week-end et tu n'étais pas invitée ?!

C'est ça. Mais c'est pas grave, j'ai vu des photos. Bon, je te laisse, faut que je termine les cookies pour qu'ils les emportent chez leur mère !

Ah oui, je vois que tu as fini par trouver ta place de belle-mère... Bah bon courage !

7 - Journal intime de Ginettes

Cher journal,

Je vais te faire une confidence : c'est Ginette qui a fait toute la partie sur les meilleures façons de se faire aimer de ses beaux-parents. J'ai suivi ses conseils à la lettre, et ils sont tellement justes que mes beaux-parents m'adorent ! Un peu trop même... Il va falloir que je pondère avec ses conseils de phrases et attitudes qu'il ne faut SURTOUT PAS faire/avoir parce que mon beau-père m'aime tellement que maintenant il me fait du pied sous la table. Et si c'était le seul... Le vrai problème, c'est que le grand-père me drague aussi ! J'ai un peu peur pour Noël prochain...

Chapitre 5

Être aimée de ses amis

C'est bien gentil d'être adorée par les coiffeurs (cheveux épais), choyée par les serveurs (pourboires généreux), adulée par les chausseurs de pieds sensibles (pieds plats + cors aux pieds), mais si on pouvait également être aimée de ses amis, soit des gens qui nous importent vraiment, ça nous ferait bien plaisir ! Pas vous ?

1 - Les 50 petits trucs à faire pour être adorée de ses amis

Des petits gestes qui n'ont l'air de rien mais font toute la différence entre une copine et THE copine.

1. Avoir toujours une bouteille de rosé au frais. **2.** Ne pas se sentir obligée d'aimer les enfants de ses amis. **3.** Ni leurs chats. **4.** Ni leurs mecs, d'ailleurs. **5.** Ne pas faire payer la nuit chez vous à un ami qui vient de se faire jeter de chez lui. **6.** Avoir rentré leurs 06 dans votre portable. **7.** Leurs mails aussi. **8.** Bref, être capable de les identifier s'ils décident de vous joindre. **9.** Ne jamais traiter une amie de grosse. **10.** Ni de conne. **11.** Encore moins de grosse conne. **12.** Même si vous avez trop bu. **13.** Ne pas attendre qu'ils soient dans *Le Parisien* rubrique « Faits divers » pour penser à eux. **14.** Ne pas apporter du crémant en guise de champagne aux 30 ans d'un ami en justifiant votre faute de goût d'un « Mais c'est pareil ! ». Ce n'est pas pareil. **15.** Décrocher quand ils vous appellent. Tout de suite, pas sept jours plus tard. **16.** Complimenter (beaucoup). **17.** Envoyer une carte postale à leur anniversaire à la place d'un texto ou d'un poke sur Facebook. **18.** Donc avoir noté leurs dates d'anniversaire. **19.** Retweeter leurs tweets. **20.** Ne pas les bloquer sur Facebook même par inadvertance. **21.** Parler d'eux en bien. **22.** Même et surtout quand ils ne sont pas là. **23.** Même et surtout s'ils peuvent apprendre que vous avez parlé d'eux en bien. **24.** Tester les restos dont ils vous ont parlé. **25.** Le coiffeur aussi. **26.** L'ostéo aussi. **27.** Mais pas forcément le gourou énergéticien reprogrammateur cellulaire, si vous ne le sentez pas. **28.** Appeler une fois que c'est fait pour remercier pour le bon plan. **29.** Même si, vous, l'ostéo vous a bloqué le cou et le coiffeur teint en beige. **30.** Les abreuver de bonnes adresses. **31.** Mais seulement si vous en avez ! Non ? **32.** Les faire rire. **33.** Ou rire à leurs blagues. **34.** Ne jamais bosser avec eux. **35.** Surtout si vous devenez leur chef. Ou leur sous-fifre. **36.** Ne pas se contenter de penser à eux. Le leur dire. **37.** Flatter vos amis masculins : « Dis donc, t'as fondu, toi ! » **38.** Flatter vos amies féminines : « Dis donc, t'as fondu, toi ! » **39.** Ne pas coucher avec vos amis. **40.** Sauf si c'est un(e) ex. **41.** Les inviter chez vous. **42.** Ne pas reporter 10 fois un pot avec un(e) ami(e). **43.** Sauf si vous vous en fichez auquel cas ce n'est pas un(e) ami(e). **44.** Passer le permis de conduire surtout si vous louez une maison de vacances paumée dans la montagne corse et que vous fumez un paquet par jour. **45.** Ou vous débrouiller pour rejoindre le village à vélo. **46.** Ne pas être un boulet, quoi. **47.** Ne pas acheter le même manteau, ni choisir le même canapé, ni congeler ses ovocytes, tout pareil qu'elle. C'est flippant. **48.** Ne pas prendre l'accent belge même si votre ami(e) est belge. **49.** Ne pas les saouler avec des discussions sérieuses sur Macron. **50.** Proposer un petit coup de main pour la vaisselle après un dîner. Même si finalement vous ne la faites pas.

2 - Comment passer du statut de fille sympa à celui de favorite girl ?

Parce que c'est sympa d'être sympa. Mais être indiscutablement très sympa, voire la plus sympa de toutes, c'est encore plus sympa.

LA FILLE SYMPA	LA FAVORITE
Considère la nature de ses amitiés comme **normale** (elle trouve ses amis sympas). On l'aime parce qu'elle est cool.	Instaure une dimension **hors norme** à ses relations (elle trouve ses amis exceptionnels). On l'adore parce qu'elle adore.
Aime les relations **faciles** entre elle et ses amis (et la facilité qui va avec). On l'aime parce que tout est simple avec elle, elle nous ressemble.	Donne l'illusion de ressembler aux autres par sa compréhension mais se nourrit également des **différences** avec les autres. On l'adore parce qu'elle ose, est curieuse, dépasse les frontières, aime les gens comme ils sont, pas parce qu'ils disent quelque chose d'elle. Symbolise l'ouverture, l'intelligence, le regard décalé.
Est souvent **d'accord** avec le groupe (dont elle suit confortablement les règles).	N'hésite pas à **bousculer** le groupe, à l'interpeller. Joue sur le mix confort et risques de déstabilisation (et donc de danger) encouru, ce qui maintient tout le monde en haleine. Établit les règles (par sa force de conviction, pas par la force physique).
Donne des **conseils psychos**	**Écoute** vraiment et c'est déjà beaucoup.

Compatit aux problèmes de ses amis.	Tente de **trouver** des solutions aux problèmes de ses amis.
Se libère quand on a besoin d'elle mais pas tout de suite, c'est compliqué avec son agenda.	**Se libère quand on veut la voir,** quoi qu'il lui en coûte (une baby-sitter, une engueulade avec son mec, un taxi).
Dit : « Moi, ce que j'en pense... »	**Dit : « Et toi, qu'est-ce que tu en penses ? »**
À des hauts et des bas, ses humeurs, ses coups de blues, ses stress qu'**elle partage** volontiers avec les gens qu'elle côtoie de près ou de loin.	**Garde ses coups de blues pour elle** et les très proches. Vis-à-vis des autres, elle ne laisse rien transparaître, elle trouve que c'est plus poli d'être toujours d'humeur cordiale.
S'excuse si on lui fait remarquer qu'elle a tort.	**S'excuse** dès qu'elle sent qu'elle a tort.

3 - Qu'attend-on d'une vraie de vraie amie ?

Beaucoup de choses, mais sûrement pas celles-ci !

- **Pas de jugement (du tout)**

  « Si tu couches avec un mec le premier soir, tu vas être considérée comme une fille facile. Tu veux être considérée comme une fille facile ? Non, alors ne couche pas avec un mec le premier soir. Ah, c'est déjà fait ? Mais comment tu as pu ?! »

Le conseil des Ginettes : **« J'ai pu parce que j'ai vécu ! Et qu'est-ce que ça peut te f… ? » avez-vous envie de répondre en bonne Ginette à cette amie, pétrie de préjugés sur la (bonne) façon d'être, les (bons) devoirs, la (bonne) chair, le (bon) chemin à prendre… Justement, c'est là que vos chemins se séparent. La vie est trop courte pour s'entourer de (bonnes) amies (bien) culpabilisantes.**

- **Pas de critique (par-derrière)**

Rien de pire que d'apprendre qu'une amie fidèle et sincère a largement débattu (sans vous) de votre décision de quitter votre mec. Et d'après le boomerang de racontars que vous venez d'attraper au vol, la balance ne penchait pas en votre faveur : « Tu es sûre que Valérie a dit que j'étais inconséquente et folle de divorcer avec deux enfants en bas âge ? Valérie ? Ma Valérie ? » Ah oui, pas de doute : 35 ans, rousse, manteau en peau retourné, pendentif en forme de cerises, vous parlez bien de la même personne. À moins qu'elle n'ait été clonée comme une brebis à votre insu ?… Elle qui pas plus tard qu'avant-hier vous disait à quel point elle admirait votre décision, la respectait et surtout, surtout : « Tu m'appelles pour n'importe quoi bien sûr ! »…

Le conseil des Ginettes : **« Allôôôô la connasse ? C'est l'inconséquente au téléphone… » Ouh, qu'il est tentant de faire cet appel à cette Valérie ! Vérifiez quand même la véracité de ces informations avant de vous livrer à un règlement de comptes douloureux. Tâtonnez : « Tu n'aurais pas croisé Roberta** hier ? Si ? Et tu lui as parlé de mon divorce ? Oui ? Et ?… » Et… écoutez la qualité du silence qui suivra ces questions pour vous positionner.

- **Pas de coucherie (avec son mec)**

L'amendement numéro 2 du Code d'Honneur des Ginettes est clair : pas touche à l'homme d'une amie ! Pas touche non plus au mec d'une copine et bas les pattes même si le mec d'une copine de copine rencontré à un dîner est charmant. Les Ginettes fonctionnent par vagues concentriques.

Le conseil des Ginettes : **Oui, oui, le coup de foudre frappe là où on ne l'attend pas, on sait, mais… de grâce, sortez les paratonnerres. Réfléchissez à cette maxime avant de piétiner une amitié de 10 ans : « Un mec de perdu, un mec de perdu. Une amie de perdue, un pan de vie foutu. »**

- **Pas de rivalité (féminine)**

Vous savez, quand vous avez juste envie d'écraser l'autre pour remporter le morceau, avoir raison, vous faire remarquer et gagner. Gagner quoi ? Une grande gêne suite à ce que vous venez de balancer à votre copine devant témoins « pour la taquiner » et aussi par pure pulsion de méchanceté : « Oh ça va, tout le monde sait que tu mens sur ton âge, c'était une blague ! »…

Le conseil des Ginettes : **Au lieu de jouer des coudes avec les filles, serrez-les ! Une vraie amie n'a qu'une idée en tête : valoriser l'autre. Pas l'écraser à coups d'arguments sexistes comme l'âge, le style vestimentaire, le physique, le poids, les** compétences, etc. Franchement, qui se tire une balle dans le pied, là ?

- **Pas de secret (éventé)**

« Ah là là là, je ne savais pas qu'il ne fallait pas dire que tu avais couché avec ton ex. Oh là là là, j'ai pas fait une bourde au moins ? » Vu le teint d'endive cuite arboré par votre mec, assis en face de la commère, votre « amie » vient de faire une grosse sortie de route en public.

Le conseil des Ginettes : **Celle qui rompt le secret en amitié s'expose à être blacklistée très longtemps. Si la confiance n'est plus entre vous, de quoi allez-vous parler ? De Macron ? Du droit à l'oubli sur Internet ? De la pertinence de réintroduire un service militaire en France ? Intéressants, les sujets sociétaux… Mais à votre troisième participation à *C'est dans l'air* vous n'aurez qu'une envie : prendre l'air !**

- **Pas de lâcheté**

Ah bon, vous n'avez pas dit à cette amie d'amie d'amie que la personne qu'elle insulte depuis 5 minutes (« Je bosse avec cette salope, elle est nuuuuuulllllleeeeeuuuuhhhh, elle a été promue sur canapé, c'est sûûûûûûûûûûrrrrrr »), est en fait une très bonne copine à vous ? Dommage, ça lui aurait coupé le sifflet, la chique, l'envie de ragoter, d'ergoter, d'éructer, et ça aurait donné une ambiance plus festive que *Festen* à la soirée. Mais pour ça, il faut avoir une certaine idée du courage.

Le conseil des Ginettes : **Si une Ginette est attaquée, l'autre vole à son secours. Qu'elle soit présente** ou pas, c'est comme ça. Ce n'est inscrit dans aucun code d'honneur, c'est instinctif : « Touche pas à ma Ginette ! »

- **Pas de mesquinerie (moche)**

« Je ne crois pas qu'il s'intéresse à toi vu qu'il m'a liké 10 fois sur Facebook. À ta place, je me méfierais… je dis ça pour ton bien. » Bien sûr ! Et mes fesses, c'est du poulet en batterie ?

Le conseil des Ginettes : **Si une amie sème un brouillard de doute plus qu'elle ne dissipe les nuages, c'est qu'il y aura un jour ou l'autre avis de tempête entre vous.**

- **Pas de non-dits (gênants)**

Elle était bourrée ? Elle vous a plus ou moins fait des reproches ? Plus que moins, d'ailleurs ? Vous êtes partie fâchée ? Bon…

Le conseil des Ginettes : **Parce qu'elle n'est pas une super-héroïne, une amie peut chuter. Ne laissez pas cet épisode empoisonner votre amitié et rappelez-la pour qu'elle ait une chance de s'excuser ou au moins de s'expliquer. Peut-être a-t-elle effectivement quelque chose à vous reprocher qu'elle n'arrive pas à exprimer. Vous aussi, vous avez des défauts, comme tout le monde, sachez les écouter.**

- **Pas de dénigrement (systématique)**

« Et Machin a abusé de ma gentillesse, et Machinette veut ma peau, et Truc me déteste, et Truquette est horrible et Machin-Truc est pire qu'une hyène et Machin-Truquette veut me voir virée, d'ailleurs toi aussi fais attention à Machinette-Truc… » Ah là là, êtes-vous sûre de vouloir jouer cette partition « deux et seules contre le reste du monde hostile » ?

Le conseil des Ginettes : **Une amitié se fonde sur des valeurs positives ! Si elle n'est basée que sur de la résistance et de la méfiance vis-à-vis des autres, vous risquez l'isolement, l'enfermement et… la dépression. Une amie peut être triste, en colère, chonchon mais elle sait maîtriser, sinon qui peut la respecter ?**

- **Pas de minimisation (du problème)**

« Je suis sûre que tu t'en sortiras très bien. Un cancer du sein, on en guérit vite aujourd'hui. Allez, un petit sourire ? »

Le conseil des Ginettes : **C'est bien de relativiser, de prendre de la distance, du recul, mais à force de prendre du recul on finit par tomber dans un ravin. En cas de gros gros gros pépin, le mieux que vous ayez à faire c'est d'écouter, écouter et encore écouter. Être présente aussi si elle vous le demande. Et soyez franche : si vous ne savez pas quoi dire, ne dites rien ou énoncez-lui votre malaise. Et surtout, s'il vous plaît, n'inversez pas non plus les rôles : « Oh mon Dieu, je suis tellement malheureuse, comment je vais faire, moi, pour tenir le coup ? J'ai peuuuuur de te perdre. » Manquerait plus qu'elle doive vous consoler. Ne riez pas, ça arrive !**

4 – Qu'attend-on d'une vraie de vraie amie ? (bis)

Beaucoup de choses dont celles-ci ! Pas forcément pour les raisons que l'on croit.

QUALITÉ	POURQUOI VOS AMIS L'APPRÉCIENT ?
L'honnêteté	Parce qu'ils savent qu'ils pourront toujours se fier à vous, que vous ne leur mentirez jamais mais que vous avez assez de tact pour ne pas les juger ni les blesser.
La cordialité	Parce que le sourire, la chaleur, le mont-d'or pour 10, le giroboam de chardonnay, la bonne humeur, les rires, la bienvenue... Ah, ça galvanise, cette atmosphère détendue !
La confiance	Parce que faire une confiance aveugle à quelqu'un, c'est absolument indispensable, même si c'est devenu une denrée rare aujourd'hui. Et pourtant sans confiance en quelqu'un (et donc en la vie), on se rabougrit, on n'avance plus, on ferme ses écoutilles et ses frontières et on se vautre dans l'inertie. Vous voyez ?
La délicatesse	Parce qu'ils savent que vous savez qu'ils savent et que vous savez aussi qu'ils n'ont aucune envie d'en parler pour le moment. Et ça, ça vaut de l'or.
La générosité	Ce n'est pas une question d'argent mais plutôt l'histoire du « cœur gros comme ça » parfois caché sous une carapace un peu épaisse et rugueuse. Vous voyez ? Quand il bat pour eux, ce cœur-là, il est capable de les réanimer dans n'importe quelle situation.

→

La bienveillance	Parce que c'est difficile de trouver quelqu'un qui ne porte pas un regard lourd de sens (unique) sur les autres.
La solidité	Parce que les menhirs, mine de rien, ça impressionne toujours. Plus que le parpaing…
La réussite	Pas celle qui écrase, mais celle qui ouvre des perspectives et donne de l'entrain : « Si elle a réussi ça, moi aussi je peux tenter ! »
La fidélité	Parce qu'ils savent qu'ils ont une place à vie dans votre cœur et que si vous leur faites une promesse, vous la respecterez.
La liberté	Parce qu'à vos côtés ils ne se sentent pas coupables de trouver sympas d'autres gens que vous.
Le partage	De tout : de joies, de peines, de doutes, d'additions, d'expériences bonnes ou mauvaises, de bonnes adresses d'ostéo, de réseaux…
L'autocritique	Ben oui, personne ne vous demande d'être parfaite. Bien au contraire. Personne n'est dupe. Alors, quand vous flanchez, avouez ! Vos amis n'en ressortiront que rassurés et grandis par votre relative médiocrité…
L'humour	Évidemment. Est-il besoin de développer ?
L'énergie	Parce que passer une heure avec vous, c'est aussi bénéfique pour le moral qu'une semaine en thalasso. On se sent rempli d'oxygène et de possibilités !

5 - Les moments à ne pas rater pour se faire une place à part dans le cœur des autres

La vie vous offre des occasions à la pelle. Ce serait dommage de passer à côté.

- **Vous lancez à une connaissance que vous croisez dans la rue : « Ça va ? », elle vous répond : « Non, pas du tout ! »**

La réaction banqueroute : « *Ah mince, moi qui suis déjà en retard… appelle-moi et ne te mine pas, la solution est en toi !* » La prochaine fois vous réfléchirez à deux fois avant de lancer un « ça va ? », car c'est une vraie question !

La réaction jackpot : « *Quoi, non pas du tout ? Qu'est-ce qu'il s'est passé ?* » Oui, vous allez prendre le temps d'écouter puisqu'il ou elle a pris le temps de vous répondre. On ne vous dit pas de l'inviter à boire un verre, à dîner, ni de chambouler tout votre emploi du temps (quoique) mais la franchise appelle un minimum d'empathie de votre part. Alors, restez !

- **Une amie vous raconte qu'elle a trompé son mec avec un gendarme de Saint-Tropez et qu'elle veut vivre avec lui de coquillages et de crustacés. Enfin, elle ne sait pas trop…**

La réaction banqueroute : « *KOA ? T'as trompé Fifi ? Mais tu vas lui dire quand ? Faut être honnête dans un couple !* » La malheureuse vous a écouté. Depuis, le gendarme s'est fait la malle avec une autre sirène du port. Votre copine est sous l'eau, bec compris car Fifi a filé lui aussi. Bien vu !

La réaction Jackpot : « *Non, rien de rien, non, ne regrette rien. Et surtout, n'avoue jamais, jamais, jamais...* » Quoi, ce n'est pas moral ? Oui, mais si le gendarme se tire, vous aurez au moins aidé à préserver la paix d'un couple. Sa pérennité, c'est une autre histoire, en tout cas, pas la vôtre.

- **Une amie vous avoue que son rêve, en fait, c'est d'être pâtissière et pas conseillère à la banque.**

La réaction banqueroute : « *Mais à 40 ans, t'as pas peur de ressembler à une grosse meringue à côté des petits choux tout tendres qui sortent du four ? Je dis ça pour ton bien, moi.* » Non, elle n'a pas peur, et si c'est tout le bien que vous lui souhaitez, elle s'en passera très bien !
La réaction jackpot : « *Ah mais je ne savais pas, ah mais oui ! Viens mon chou, on prend deux Paris- Brest et on va t'inscrire chez Ferrandi (La Mecque de la gastronomie) à la formation adulte.* » De l'allant, de l'élan, de la confiance, de la Ginette attitude !

- **Une amie a beaucoup beaucoup maigri, et ça lui va plutôt très bien.**

La réaction banqueroute : « *Dis-donc, j'ai peur pour toi, tu manges quand même ?* » Jalouse !
La réaction jackpot : « *Ouah, incroyable cette ligne ! Mais comment tu as fait ? File-moi ton régime tout de suite !* » Bienveillante ! Vérifiez quand même qu'elle ne fait pas une petite dépression en ce moment.

- **Une amie a pas mal grossi ces derniers temps et ça lui mine le moral.**

La réaction banqueroute : « *Mais arrête, tu es une vraie femme comme ça. C'est super beau les rondeurs, certains mecs adorent.* » Menteuse ! Vous êtes peut-être sincère mais ce genre de compliment compatissant ne suffit pas à remonter un moral en berne, voire il fleure même le faux compliment (surtout si vous faites un 36 serré).
La réaction jackpot : « *Si tu ne te plais pas comme ça, continue de manger de tout mais divise tes assiettes par deux. Tu verras, tu maigriras deux fois plus vite.* » Coach !

- **Un an que vous buvez l'apéro chaque mercredi soir dans le même bar. Mais ce soir-là, vous avez un imprévu.**

La réaction banqueroute : « *Ma Chérie, je suis désolée, j'ai un problème de nounou et ne vais pas pouvoir venir à notre rendez-vous !* » prétextez-vous le jour même vers 18 h 30 pour expliquer votre défaillance. Bravo l'amitié ! Vous n'assumez pas et la prenez un peu pour une c… en lui mentant.
La réaction Jackpot : « *Ma Chérie, je suis désolée, j'ai un problème de nounou et ne vais pas pouvoir venir à notre rendez-vous ! Je suis vraiment désolée… Serais-tu libre demain même heure même endroit ?* » prévenez-vous dès que vous l'apprenez.

- **Un ami vous raconte depuis un an qu'il s'ennuie, mais s'ennuie, mais s'ennuuuuiiiiie à son travail.**

La réaction banqueroute : « *Oui, mais tu restes quand même, donc ???* » Donc quoi ? Il n'a pas à se justifier de ses petites lâchetés. Il s'en dépatouille comme il peut, comme tout le monde.
La réaction jackpot : « *Et pourquoi tu ne commences pas à écrire le soir ton livre de recettes de mamies stylées ? Tu sais ? Et envoie-le à des éditeurs, non ?* » Voilà, c'est bien, vous valorisez ses autres passions et vous, au moins, vous croyez en lui !

- **Vous prévoyez un resto mais vous savez qu'il ou elle a des problèmes d'argent en ce moment.**

La réaction banqueroute : « *On se retrouve à la Cuillère d'Argent ? Je t'invite, ça te fera du bien de voir du beau monde surtout en ce moment !* » Non mais quelle condescendance ! Non ? Excusez-nous, mais ça peut être pris comme ça.
La réaction jackpot : « *Je t'invite ! Tu m'inviteras une prochaine fois. J'aime quand tu m'es redevable, hi hi hi…* » Quelle confiance en l'autre pour blaguer sur le sujet !

- **Vous savez qu'il ou elle attend une réponse très importante au boulot.**

La réaction banqueroute : Vous ne lui en parlez pas. Elle vous appellera si jamais elle a quelque chose à vous annoncer. Ou pas vu le peu d'intérêt signifiant qu'elle perçoit.

La réaction jackpot : Vous lui envoyez un petit texto : « *Alors ?* » Ça ne coûte rien, mais vous prouvez que vous vous sentez concernée par ce qui lui arrive.

- **Il ou elle vient de se faire larguer à 2 heures du matin et vous appelle.**

La réaction banqueroute : Vous rappelez le lendemain après-midi : « *La gueule de bois, les enfants, le marché, le déjeuner, pfffffiou... pas eu le temps de te rappeler avant !* » Mais maintenant vous êtes dispo.
La réaction jackpot : Vous rappelez soit illico, soit le lendemain matin très tôt. Et évidemment, vous le ou la voyez dans la foulée avec un stock de mouchoirs en papier.

- **Votre petit groupe de quatre se fait agresser en pleine rue par deux mecs avec des couteaux qui en veulent à votre argent.**

La réaction banqueroute : « *Couuuuurs Forrrest, couuuurs !!!* » Oui, vous courez droit devant vous et toutes tongs dehors, profitant de votre position spatio-stratégique (vous étiez au milieu), laissant vos potes se dépatouiller tout seuls. Vous leur expliquerez plus tard l'instinct de survie, l'appel à la police, tout ça...
La réaction jackpot : Ben, vous restez. Plus on est de fous... Remarquez, le temps que vous compreniez vraiment ce qui arrive, vous vous êtes déjà fait détrousser de vos Ray-Ban et ils ont filé...

6 – Être aimée même quand on balance des choses qui piquent

L'amitié n'est pas forcément un long fleuve tranquille où tout est rose et peuplé de louanges sirupeuses et de compliments à l'eau de rose, sinon c'est que vous habitez dans le monde de Mia et pardon mais c'est bizarre à 30 ans et des brouettes. Parfois on a des choses peu agréables à dire aux amis de notre cœur et c'est très bien comme ça. Surtout si vous n'oubliez jamais qui vous êtes (celle que l'on aime), à qui vous vous adressez (ceux qui vous aiment et que vous aimez), et dans quel but vous vous apprêtez à lui balancer deux, trois vérités à la figure.

ABUS D'AMITIÉ	AVIS D'AMITIÉ
Se servir de ses confidences : « *Ah oui, tu es vraiment amoureuse ? Comme du cuistot sri-lankais ? Comme du maître nageur autrichien ? Comme du serveur hipster ?...* » = Non, mais franchement, à qui tu vas faire croire ça ? Pas à moi...	**Lui rappeler ses confidences :** « *Mais qu'est-ce qui te fait dire que tu es amoureuse ? C'est quoi la différence entre lui et le cuistot sri-lankais du mois dernier ? Tu ressens quelque chose de différent ? Raconte !* »
Lui annoncer une mauvaise nouvelle, sinon qui le fera ? Son mec l'a trompée, ses collègues crachent sur elle, elle est nulle en zumba... Les Ginettes savent que vous pensez	**Trier les mauvaises nouvelles à lui annoncer :** Le mec qui la trompe ouvertement avec toutes les rousses qui passent, alors qu'elle va se marier dans quinze jours... Oui, peut-être va-t-il falloir lui

agir pour son bien mais le bien ne prend pas forcément la forme d'un oiseau de malheur. Les gens n'aiment pas les apporteurs de mauvaises nouvelles, soyez-en sûres !	en toucher deux mots. Vous ne lui ferez part de vos doutes que si vous avez l'impression qu'elle risque plus de souffrir à ne pas savoir qu'à savoir. Se marier avec un queutard notoire est un bon exemple.
La critiquer sans filtre : Oui, sa nouvelle robe est jolie mais pas sur son corps, oui, vous adorez dîner avec elle mais pas avec son mec tellement ennuyeux. Non, vous ne pouvez pas tout dire à une amie au prétexte qu'elle ne s'en offusquera pas puisqu'elle sait que vous l'aimez. Vraiment ? Mais quand ?	**Dire avec délicatesse ce que vous pensez.** Comme vous êtes une vraie amie, vous allez devoir lui dire que cette jupe longue ne lui va pas vraiment. Et que la maison de vacances avec tous les enfants n'est pas vraiment votre envie du moment... De l'affirmation délicate, que diable !
Être sans gêne avec elle : Pas question d'arriver systématiquement avec 30 minutes de retard, tout ça parce qu'elle vous connaît, ne vous reproche rien et vous a toujours attendue. Ah ! Pas cette fois, dites donc, on dirait bien qu'elle est partie...	**Lui faire savoir qu'elle est en tort.** Ce n'est pas parce qu'on la surnomme « H + 30 minutes » qu'elle doit vous faire supporter ses retards incessants. Prévenez-la que la prochaine fois vous ne l'attendrez pas. Les amis n'ont pas à absoudre et à supporter les pêchés des autres, ce n'est pas leur rôle.
Jouer à la maîtresse : *« On va là ! », « On va voir ça au ciné ! », « Non, pas ce soir, je ne peux pas, demain ! »...* Oh, mollo l'esclavagiste avec ses sourcils froncés !	**Dire non !** *« Non, pas envie d'aller au resto, mais vas-y, toi ! », « Non, je ne peux pas te parler là tout de suite, mais je te rappelle dans 20 minutes. »* Une amie laisse toujours la porte ouverte. →

Ne pas supporter qu'elle n'ait pas le même avis : « *Je ne comprends pas que tu aimes* Les Tuche, *c'est nuuuuuul. Tu ne peux pas, pas toi !* » ou « *Quoi ? Tu n'aimes pas Marc Levy ? Mais enfin... ce n'est pas possible de ne pas aimer Marc Levy.* » Si, si, on vous l'assure ! Et ce n'est pas important.	**Débattre :** Bien sûr que vous pouvez ne pas être d'accord sur tout. Discutez-en, débattez-en, écoutez-vous et quittez-vous en réfléchissant à ce qui vient d'être dit. Même si vous pensez encore avoir raison...
Vouloir le ou la convaincre à tout prix : Comme si vous étiez une femme politique chez Pujadas, déterminée à démontrer à quel point votre opinion était LA vérité et pas une possibilité parmi tant d'autres... « *Je te dis qu'on ne peut pas être heureuse si on n'a pas d'enfants ! Écoute-moi avant d'être malheureuse.* »	**Se mettre à sa place :** Elle ne veut pas d'enfants ? Vous si ? Peut-être que, très sincèrement, elle n'en a jamais ressenti l'envie. Si c'est ce qu'elle vous explique, croyez-la, au lieu de tenter de coller des faux prétextes à sa décision (trop jeune, pas le bon mec...), peut-être qu'elle ne veut pas d'enfants, tout simplement !
Le ou la vouloir rien que pour soi : L'abus de possessivité nuit gravement à la liberté de mouvement.	**Lui rappeler qu'elle fait partie de votre vie mais qu'elle n'est pas toute votre vie.** Pas en le lui disant aussi nettement, mais en communiquant sur votre agenda : « *Lundi, non, je suis prise... Tu fais quoi samedi soir ? Tu peux ? Désolée, cette semaine, c'est l'enfer.* »

Jouer sur sa culpabilité : « *Je serais bien allée voir cette expo mais comme tu m'as plantée... maintenant, c'est trop tard.* » Pensez à la dernière fois que vous avez appelé votre mère et qu'elle a décroché d'un : « *Ah c'est toi ? Tu te souviens enfin que j'existe ?* » Mais qu'elle appelle si elle veut des nouvelles !

L'appeler si elle ne vous appelle pas. Pas pour la culpabiliser, mais pour lui glisser que ça fait longtemps que vous êtes restée sans nouvelles : « *J'ai lu le dernier Camille Laurens, et ça m'a fait penser à toi. Ça va depuis tout ce temps ?* »

Commencer vos phrases par « *Moi, à ta place...* » Vous ne serez pas à sa place quand il s'agira de choisir et d'assumer ce choix. Donc pédale douce sur le mimétisme.

Le ou la forcer à se poser des questions : « *Tu es sûre que tu veux faire ça ?* » C'est parce que vous êtes son amie que vous vous inquiétez de ses vraies motivations. En l'obligeant à reformuler son choix, vous l'aiderez à prendre la bonne décision.

7 - Conversation de Ginettes : Confession intime

Dis donc, Ginette, est-ce qu'il y a une fois où je n'ai pas su être une véritable amie pour toi ?

Pas su ou pas pu faire autrement ? Non, parce que c'est facile d'accuser comme ça...

Je n'accuse personne ! Oh toi, tu as quelque chose à te reprocher ?

Moi ? Non ! Je ne savais pas, c'est tout.

Tu n'aurais pas mis quelque chose sur moi de pas très sympa dans ton journal intime, par hasard ?

Parce que tu vas le lire ?

Hein ?! Comment ça ?! Bien sûr que je vais le lire ! Et je ne vais pas être la seule, apparemment !

Ah... Souviens-toi alors que, quoi que tu découvres, je t'aime Ginette !

Tu sais que tu m'inquiètes, toi ?!

8 - Journal intime de Ginettes

Cher journal,

Je trouve bizarre qu'entre amies on ne se dise pas tout. Par exemple, je sais bien que Ginette est au régime en ce moment. Alors pourquoi s'entête-t-elle à me dire que non, pas du tout. Je l'ai vue manger des barres protéinées entre deux tranches de pain hier midi, je l'ai vue ! Mais comment lui dire que ça ne se déguste pas en sandwich, ce genre de truc ?

P-S : Ginette, je sais que tu lis mon journal. Je ne savais pas comment te dire que je savais, alors voilà, je sais...

Chapitre 6

Être aimée d'un homme (et le garder)

Faut-il chercher à plaire pour plaire ? Faut-il plutôt laisser parler le naturel pour plaire ? Et plaire pour quoi ? Et à qui ? Ouh là, il y en a des questions... Alors tout dépend de la nature de votre naturel avons-nous envie de dire... Ronchon, pessimiste, voûtée, hargneuse ? C'est formidable d'avoir une personnalité affirmée ! Mais vous comprendrez aussi que les Ginettes ne peuvent pas vous laisser partir, loden boutonné jusqu'à la glotte et bouche pincée, à la pêche aux potes, aux mecs ou au prêt immobilier. Souriante, chaleureuse, drôle, brillante, ironique ? Ah là, évidemment, quand le naturel est un mix frappé de Foresti-Baer-Lemercier-Hanouna... il paie déjà plus de mine (même si on ne voit pas bien ce que ça peut donner physiquement, tout ce mélange). Mais ce qui cartonne dans un bar, un karaoké ou un talk-show ne fonctionnera pas forcément avec un banquier, la maîtresse d'école ou votre futur boss. Et ce que les Ginettes vous promettent depuis le début de ce guide, c'est d'être aimée par le plus grand nombre ! Oui, même un conseiller financier a un petit cœur qui ne demande qu'à battre pour vous, même si ça ne se voit pas tout de suite.

1 - Chercher à plaire ou non : le grand dilemme

Faut-il être naturelle ou un brin stratégique dans la vie ? La question n'est pas nouvelle et taraude les grands esprits depuis la nuit des temps. La preuve avec ces différentes citations attribuées à d'éminents penseurs - de Rousseau à Depardieu - que les Ginettes (et leur entourage) vont se faire un plaisir de décortiquer et de commenter pour vous éclairer en la matière (ou en tout cas pour vous donner leur avis et c'est déjà pas mal...).

« **Qui cherche à plaire à tous ne doit plaire à personne.** »
(Jean-Baptiste Rousseau)

Ce qu'en pense Lola, 5 ans : « Tu sais, c'est simple : je suis gentille donc j'ai des copines. Et moi, j'ai été invitée à l'anniversaire d'Hyppolite. Mais pas Lou, ni Célia. Parce que ce ne sont pas ses copines mais moi, si. »
Ce qu'en pense Charlotte, 35 ans, aimée de tous ceux qui la connaissent : « Je ne comprends pas bien le "ne DOIT plaire à personne". Pourquoi le verbe devoir ? Si je fais abstraction du verbe, ça voudrait dire qu'à force de consensus mous on ne provoque rien chez les autres. Ce n'est pas faux ! »
Ce qu'en pensent les Ginettes : Comme nous l'avons déjà explicité brillamment (mais oui !) bien plus haut (retournez page 27), vous ne devez pas chercher à être aimée de tous mais du plus grand nombre sinon

c'est pathologique. Et puis être aimée de tous, c'est impossible. Même Mimie Mathy, au top depuis 1954 dans le classement des personnalités des Français, a ses détracteurs. Si, si !

« **Quand on arrête d'essayer de plaire, on touche.** »

(Fanny Ardant)

Ce qu'en pense Lola, 5 ans : « Tu veux jouer à chat, c'est ça ? »
Ce qu'en pense Charlotte, 35 ans, aimée de tous ceux qui la connaissent : « Quand on arrête de faire des efforts, qu'on redevient nous-même, on touche ceux qui nous méritent ! Sans être une connasse non plus… »
Ce qu'en pensent les Ginettes : On touche quoi ? La complémentaire retraite ? La cagnotte du Loto ? Le fond ? Ah oui, non… attendez, on touche du doigt qui on est vraiment tout au fond de nous… Et du coup on touche l'autre, ému par la colline d'honnêteté organique qui se dresse devant lui.
En clair, pour que les gens soient honnêtes avec vous, soyez-le avec vous-même (ça demande de bien se connaître, donc un peu de maturité) et montrez-vous telle que vous êtes, sans artifices… mais pas sans après-shampooing, on est d'accord !?

« **Plaire ou ne pas plaire, je m'en fous totalement.** »

(Gérard Depardieu)

Ce qu'en pense Lola, 5 ans : « La maîtresse aussi, elle dit ça. Enfin, elle dit pas… tu sais… le truc là…

c'est un gros mot. Elle dit : "Si t'es pas content, je m'en fiche !" Mais c'est quand elle est très très énervée contre Marius qu'elle dit ça. »
Ce qu'en pense Charlotte, 35 ans, aimée de tous ceux qui la connaissent : « C'est le meilleur moyen d'être apprécié par ceux qui en valent la peine selon nos valeurs. Et le meilleur moyen de se faire détester par les autres. »
Ce qu'en pensent les Ginettes : Des choses, bien des choses… Le mélodramatique « Prends-moi tel que je suis ou ne me prends pas… » nous donne déjà envie de répondre : « OK, je ne te prends pas. Salut. » Pourquoi ? Parce que les Ginettes ont remarqué que les tenants du label « 100 % pur jus » avaient bien souvent plus à cœur de faire passer et accepter leurs défauts (notoires) que de porter haut les couleurs d'une personnalité admirable et aimable. « Il (elle) est comme ça, que veux-tu, on ne va pas le (la) changer… » Pratique, non, d'être adoubé(e) narcissique/jaloux/fainéant/volage/inélégant, etc. ? Non, c'est un peu trop facile (et égoïste) !

« **Vouloir trop plaire, c'est le plaisir des moches.** »
(Renaud)

Ce qu'en pense Lola, 5 ans : « N'im-por-te quoi ! Personne n'est moche !
Ce qu'en pense Charlotte, 35 ans, aimée de tous ceux qui la connaissent : « Alors, je ne sais pas si on peut dire "plaisir" dans la mesure où les "moches" n'ont pas d'autre choix que de forcer le trait. Elles

doivent travailler pour cela et peuvent donc paraître too much. C'est un challenge. Pour autant, je ne suis pas d'accord avec le “trop”. »
Ce qu'en pensent les Ginettes : Sexiste, non ? Sexiste, oui ! Et pourtant qu'est-ce qu'on aime Renaud !

« Ne jamais parler de soi aux autres et leur parler toujours d'eux-mêmes : c'est tout l'art de plaire. »

(les Goncourt)

Ce qu'en pense Lola, 5 ans : « Moi, je trouve que tu t'habilles moderne. Tu me donneras tes habits quand je serai grande et que tu seras vieille ou morte ? »
Ce qu'en pense Charlotte, 35 ans, aimée de tous ceux qui la connaissent : « Évident ! C'est LA façon de plaire. Mais attention au jour où la personne qui écoute a envie de parler d'elle… »
Ce qu'en pensent les Ginettes : Effectivement, faire parler les autres sur eux est une bonne façon de les séduire. On s'intéresse à eux… Vous connaissez le dicton : « Parlez-moi de moi, il n'y a que ça qui m'intéresse. » Mais votre séduction ne doit pas se cantonner à un remake du *Divan* avec vous dans le rôle de Fogiel, sinon vous risquez de vous endormir ou d'avoir des dartres à force de rester immobile sur votre chaise. Certes, c'est vital de s'intéresser aux autres mais si, au bout de 365 jours, l'autre ne vous a pas posé une seule autre question que « Tu ne sais pas ce qui m'est

arrivé hier ? », posez une plaque sur la façade de votre maison et faites-lui payer les consultations.

« **Plaire à soi est orgueil ; aux autres, vanité.** »
(Paul Valéry)

Ce qu'en pense Lola, 5 ans : « Je peux avoir un chocolat maintenant ? »
Ce qu'en pense Charlotte, 35 ans, aimée de tous ceux qui la connaissent : « Bien sûr qu'on veut tous plaire. Mais à trop vouloir être aimé, on tombe dans le consensuel, quitte à ne pas forcément s'exprimer en toute liberté sur tout, ne pas être sincère et donc être aimé pour une personnalité qui n'est pas la nôtre. »
Ce qu'en pensent les Ginettes : Alors, comme ça, nous sommes orgueilleuses et vaniteuses. C'est bon, ça ! On le met dans notre CV, Ginette ?

2 - Les secrets de la séduction asexuée en 50 petites pensées

Pour plaire aux hommes, femmes, enfants, chiens, inspecteurs des impôts... et à tous ceux qu'on aimerait bien séduire, comme ça, juste pour le plaisiiiiirrrrr de plaire :

1. Ne pas croire que plus c'est court (les cheveux, les phrases, les jupes, les bermudas), plus c'est séduisant. **2.** Ne pas croire non plus que parler beaucoup, c'est séduisant. **3.** Car il faut méditer cette phrase : « Ne pas parler, c'est risquer de passer pour un con. Mais l'ouvrir, c'est risquer de prouver qu'on est con. » **4.** Alors quand on n'a rien à dire d'original sur Hollande, les JO de Rio et Cuba, on le dit et c'est séduisant. **5.** L'autodérision, c'est rassembleur. **6.** Oui, même si vous vous êtes rétamée sur ce trottoir et que vous avez mal, riez. **7.** AH AH AH. **8.** Pour séduire un banquier, il faut d'abord ouvrir un compte chez lui. **9.** Le remplir de temps en temps. **10.** Le banquier est aussi très sensible à la carte de vœux car personne ne lui en envoie jamais. Sauf les mamies. **11.** Pour séduire un enfant, les chocolats ça ne marche pas. Ils ont été briefés donc ils se méfient. **12.** Pour séduire un enfant mieux vaut être blonde à cheveux très longs, genre fée Tartignolle. **13.** Ou avoir gardé une âme d'enfant comme Jim Carrey. Mais pas comme le Père Noël qui fait hurler de peur plus qu'il ne séduit. **14.** Ou accepter de jouer à chat avec le sourire. **15.** Pour séduire un chien on peut tenter le chocolat. **16.** Et les petites caresses sur la tête. **17.** Contrairement à l'enfant qui vous enverra un coup de coude dans le bas du ventre si jamais vous tentez la caresse animalière. **18.** En tout cas les nôtres. **19.** Séduire, c'est sourire. **20.** Beaucoup. **21.** Pas quand on vous braque ou qu'on vous vire quand même. **22.** Mais si on vous vire, c'est que vous ne leur plaisez plus, donc vous n'avez plus besoin de les séduire. **23.** Séduire, c'est rire. **24.** De soi. **25.** Avec les autres. **26.** Pas des autres, ça séduit moins. **27.** Séduire, c'est une forme de manipulation. **28.** Ben oui. **29.** Donc séduire, c'est obtenir ce que l'on veut. **30.** Vous voulez quoi ? **31.** Des sandales Prada à – 50 % un 15 mai, hors soldes ? **32.** Ah… **33.** Séduire avec des objectifs réalisables, c'est plus immédiat.

34. Ce qui ne signifie pas que vous devez brader vos cibles. Mais être réaliste. **35.** Plus on est honnête, plus on séduit. **36.** Pour séduire la police déjà, qui n'a jamais eu à se plaindre de nous. Ou si peu. **37.** Pour séduire les impôts à qui on déclare se montrer à poil chaque année. **38.** Au sens figuré bien sûr. **39.** Pour séduire les commerçants qu'on paie rubis sur l'ongle. **40.** Pour séduire notre propriétaire à qui on paie un loyer. **41.** Notre boss à qui on loue notre force de travail. **42.** Pour séduire notre mec à qui on prête nos seins. Au sens figuré bien sûr. **43.** Séduire, c'est saluer la vie, le soleil, la pluie, les gens, les bonheurs, les emmerdes. **44.** Séduire, c'est vivre intensément. **45.** Séduire, c'est ne pas se prendre la tête. **46.** Ni prendre la tête aux autres. **47.** Séduire, c'est se montrer enthousiaste. **48.** Séduire, c'est communiquer. **49.** De la joie, de la gaieté, de l'intérêt, de l'énergie, l'intelligence, de la vie. **50.** Séduire, c'est vivre.

3 - La séductrice charismatique VS la charismatoc

Venons-en aux hommes. Comment procéder pour séduire les hommes ? Qu'est-ce qui les séduit, d'ailleurs ? Des mules à pompon ou un voyage à dos de mule au Canada (non, la mule, ce n'est pas vous, oubliez !) ? Consultez ce tableau

pour vérifier si vos approches de séduction sont plus charismatiques que charismatoc.

LA SÉDUCTRICE CHARISMATOC	LA SÉDUCTRICE CHARISMATIQUE
Quand on la voit marcher de dos, on a l'impression qu'elle fait la circulation avec ses fesses. Sur un très gros boulevard...	Elle ne marche pas, elle effleure le sol, elle est gracieuse, et ce n'est même pas une question de physique.
Ce n'est plus des cheveux qu'elle a, c'est un balai à lanières qu'elle agite dans tous les sens comme si elle voulait s'essorer la tête.	Ce n'est pas la plus tape-à-l'œil, d'ailleurs, on ne la remarque pas tout de suite, mais si un homme la regarde il ne voit plus qu'elle.
Quand elle pose des questions et qu'elle écoute les réponses, elle bouge ses cheveux. Pas pour mieux entendre mais parce que ça fait passer le temps. Ce n'est plus des cheveux qu'elle a, c'est un balai à lanières qu'elle agite dans tous les sens comme si elle voulait s'essorer la tête (trop d'informations sûrement).	Elle s'intéresse à l'autre parce que ça l'intéresse, pas pour passer le temps ou pour qu'on s'intéresse à elle. D'ailleurs, quand elle pose des questions, elle écoute les réponses, les yeux dans les yeux.
Elle dit : « Oh là là, j'aurais jamais pensé à ça. Mais ouiiiiii, bien sûr ! » à des choses aussi subtiles que si on fume depuis longtemps, on court plus de risques d'avoir un cancer.	Elle rit quand un inconnu lui fait des compliments. Même quand on l'appelle « la jolie petite dame », ça l'amuse et elle dit merci. ➜

Elle fonctionne à l'instant. C'est vrai qu'elle était sincère il y a cinq secondes quand elle vous disait que vous étiez la personne la plus intéressante de la soirée. Mais depuis elle a posé sa sincérité sur quelqu'un d'autre arrivé entre-temps.	Elle fonctionne à l'instinct. Beaucoup. Du coup, certains peuvent la croire versatile, elle est évolutive et en devient même insaisissable. Un défi de la garder !
Elle se trompe de ridicule et a peu de sens de l'autodérision. Pour elle féminité rime avec gravité (déjà qu'elle se trouve trop belle, il ne faudrait pas qu'on la trouve trop conne), décolleté et fermeté (du corps surtout).	Elle n'a aucune peur du ridicule. Mieux, elle le provoque et n'hésite pas à prendre le micro dans un karaoké même si elle ne sait pas chanter. Du coup, ce n'est pas ridicule, c'est charmant.
Elle dit : « Je ne comprends pas pourquoi je n'ai pas beaucoup de copines » au mec de sa (seule) copine.	Elle aime les femmes. Elle n'est pas en rivalité avec elles. Du coup, les femmes l'aiment aussi même quand elle est célibataire.
Elle dit : « Non mais peut-être qu'elle l'a bien cherché. Faut pas toujours accabler les hommes. » Beaucoup trop d'intrus dans ces deux phrases pour convaincre les Ginettes.	Elle est cash et peut se brouiller avec un amoureux sérieux si jamais elle est déçue.
Oh la duck face ! Là, sur son Instagram, sur son Facebook, sur son CV, partout, des bouches en canard !	Elle sourit sans forcer. Mais ne se force pas à rire à un mec pas drôle. Elle ne séduit pas à tout prix.
Elle parle de ce qu'elle connaît et selon elle c'est bien peu. Le problème c'est qu'en fait c'est souvent vrai.	Elle parle de ce qu'elle connaît, et selon elle, c'est bien peu. Du coup, les mecs aiment son humilité mais savent aussi qu'elle en sait plus et sont flattés d'avoir été choisis.

4 - Les 10 mystères à cultiver

Pour séduire son mec longtemps, très longtemps, il faut savoir cultiver certains mystères. Oui, nous avons décidé de consacrer un petit paragraphe à la séduction en couple. Elle mérite bien ça ! Plus que ça ? Un livre ? Mais c'est prévu, chères lectrices, c'est prévu !

- **Le mystère des toilettes**

« Mets plus fort, j'entends pas ce que dit Mika. » Avis aux personnes qui vivent en couple : la porte des toilettes, toujours fermée, SVP. Oui, même et surtout après deux ans de vie commune et même si vous ne voulez pas rater une miette des *Revenants*.

- **Le mystère de la peau douce**

« Eeeeet tchaaaac. Un tibia de fait. Eeeeeet tchaaaac, l'autre. OK, Chéri, là, on va attaquer le maillot, t'es prêt ? OK, vas-y, tiiiiire. Aaaahhhh. » Sans commentaires.

- **Le mystère sur ce que vous pensez de ses parents**

« Non mais ta mère, c'est une grosse raciste en fait ?! Et ton père, il n'en a pas marre de se faire commander ? Oh la relation de ploucs ! » Alors ça, chère lectrice, voyez-vous, ça ne passera pas. Même s'il le sait, il est le seul (avec ses frères et sœurs) à avoir le droit de mettre un tel sujet sur le tapis. N'oubliez pas qu'il a les mêmes gènes que cette famille que vous avez traitée de dégénérés pas plus tard qu'il y a 20 minutes. Et qu'il provient de ce même nid, qu'il

renie en ce moment peut-être, mais qu'il défendra bec et ongles s'il le sait attaqué…

- **Le mystère sur vos sentiments**

« Non, parce que tu vois, je t'aime toujours, mais moins. Je ne sais pas si tu vois ce que je veux dire. Mais attention, ça ne signifie pas que je ne t'aimerai pas beaucoup plus demain, mais en ce moment, bof. Tu vois, je me demande même s'il ne faut pas que je prenne un amant pour savoir si j'ai le sentiment de te tromper. » Nous, on trouve ça très bien, toute cette honnêteté, mais la personne qui partage votre vie n'en demande pas tant. Vraiment.

- **Le mystère sur vos incartades**

« Bon, faut que je te dise. J'ai couché avec un collègue. Mais vraiment c'était qu'une histoire de cul. D'ailleurs je n'ai plus du tout envie. Chéri, on commande des pizzas pour le dîner ? » C'est marrant, mais il n'a pas l'air d'avoir faim.

- **Le mystère sur vos complexes**

« Ah merci ! T'es gentil. Mais regarde, j'ai encore du gras au ventre, et des vergetures sur mes cuisses, regarde. Et si je rate le sport, mes bras, ils sont tout mous. Touuuuche (ploc, ploc). Ah tu vois ! » Oui, là, il a vu et il commence à voir en détail que vous avez raison… C'est marrant, on a comme l'impression qu'il ne va pas vous refaire un compliment de sitôt.

- **Le mystère sur vos ex**

« Ah non mais avec Michel, c'était incroyable. On avait une vie folle, pleine de surprises, de potes,

de déconne, de sexe… Mais bon, je me voyais pas faire ça toute ma vie. J'avais besoin de stabilité, de confort, de tendresse. Hein, mon gros doudou à moi… C'est qui mon gros doudou ? » Lui apparemment, mais non sans regrets…

- **Le mystère sur votre propension à (lui) faire la gueule**

« *Ben non ça va pas. Ben pour rien, pour tout. Regarde l'armoire elle est encore cassée, l'ampoule ne marche pas, le carrelage est atroce, les impôts sont tombés, il y a des moustiques en plein hiver et je suis claquée. Voilà. Bon, je n'ai pas envie de parler.* » Oui, nous aussi on a passé une bonne journée et on est super contentes de vous voir. Mais nous sommes aussi rassurées par la profondeur de votre détresse car dès qu'un pote vous envoie un texto, vous retrouvez le sourire et dès que vous raccrochez vous retrouvez vos sourcils froncés. Comme s'ils lui étaient réservés ! Sympa comme réservation… Votre mec n'est pas votre punching-ball. C'est juste votre mec.

- **Le mystère sur les potins de votre boulot**

« *Et Adeline, elle avait oublié de joindre le mail que je lui avais envoyé pour la présentation. T'imagines ? Et Robert est arrivé en retard. Et Andréa s'est enfermée dans les toilettes tellement elle était vexée que ma prés' soit canon, mais heureusement que Mathilda a pris ma défense parce que sinon j'aurais explosé, tu vois. Sinon, il y avait du poulet et des carottes vichy à la cantine. Je n'ai pas pris de tartelette au citron mais une clémentine, t'es fier de moi ?* » « Hein ? Quoi ? Tu me parlais ? Qui a mangé la clémentine d'Adeline ? C'est qui, Adeline ? »... C'est vrai qu'on leur reproche souvent de ne pas s'intéresser à ce que l'on dit, mais tout ce que l'on dit n'est pas très intéressant non plus. Et vice versa.

- **Le mystère sur ce que vous pensez de ses potes**

« *Il est lourd, Vincent, non ? Et Laurent, toujours injoignable, pas fiable. Mathieu ? Un profiteur. Éric, ah oui, Éric, il est super charmant. Franchement, si je l'avais rencontré avant toi...* » Ne vous demandez plus pourquoi il n'invite plus ni Vincent ni Laurent ni Mathieu ni Éric ni personne à la maison : « Je croyais que tu ne les aimais pas. » Oooh là là, mais vous disiez ça comme ça, vous, vous ne le pensez pas vraiment... Oui, mais lui ne l'a pas pris comme ça. Malheureusement.

Le conseil des Ginettes : **Si ces mystères-là sont à garder pour vous parce qu'ils ne suscitent rien d'autre que de la gêne ou de l'agacement ou de l'incompréhension ou de la chute de libido, d'autres en revanche sont à lever très vite : votre goût pour la Tequila Sunrise, votre amour des sweats Marc Jacobs, votre bonheur à avoir trouvé l'équilibre parfait entre lui, vos potes, votre boulot, votre famille, votre désir de lui, votre peur des ascenseurs... Allez, levez tous ces mystères pour la bonne endurance de votre couple !**

5 - Conversation de Ginettes : Un jardin pas assez secret

Ginette, c'est horrible, il a découvert que je n'avais pas 34 ans.

Ah bon ? Parce que tu as dit que tu avais 34 ans ?!

Bien sûr ! Ou 33 je ne sais plus. Je peux parfois monter jusqu'à 36 mais c'est plus rare.

Et comment il l'a découvert ?

Mon tatouage !

Mince ! Je t'avais dit de le faire enlever ! C'est sûr que « Pollux forever ! » Ça ne te rajeunit pas !

C'est toi qui me dis ça ? Avec ton tatouage de dauphin sur l'omoplate ?

Quoi ?! Ça connote, le dauphin ?

À part Luc Besson, je ne vois pas trop qui tu peux faire rêver !

6 - Journal intime de Ginettes

Cher journal,

J'ai l'impression que moins on cherche à plaire à un homme, plus on lui plaît. Je refuse que Jules avec qui je couche depuis 5 mois passe la nuit à la maison car je ne suis pas prête pour ça. Je lui demande donc de déguerpir à 2 heures du matin. Et tu ne vas pas le croire, mais il me demande sans arrêt depuis quelques semaines s'il peut rester. Avec mon fils qui se réveille à l'aube ? Non mais ça ne va pas ! Oh là là quels pots de colle ces hommes quand même...

Chapitre 7

Être aimée au travail

Vous croyez bien faire tous les jours avec tout le monde ? Vous êtes sincère et honnête dans votre job ? Vous n'avez pas l'impression de manipuler qui que ce soit ni de tout faire pour vous faire remarquer ? Vous êtes zen en fait et pensez n'avoir rien à vous reprocher. Pourtant, vous allez voir que, sans le faire exprès, vous pouvez vous attirer les foudres de quelques-uns tout en vous attirant les bonnes grâces des autres. Satisfaire tout le monde au travail, c'est un peu se trouver nez à nez avec le tonneau des Danaïdes et tenter de le remplir. C'est sans fin et herculéen. Mais comme impossible n'est pas Ginettes, nous allons voir quelles ficelles sont à tirer et lesquelles sont à couper pour être appréciée d'un maximum de gens.

1 - Sautez sur la bonne occasion

Prêtez une vraie attention à ces situations qui vous permettent d'augmenter sérieusement votre capital sympathie dans la boîte en un rien de temps.

- **Dire bonjour**

  C'est bête hein ? Mais c'est vrai que c'est plus aimable de croiser un visage souriant pour démarrer la journée qu'une mine renfrognée.

- **Accorder un soin particulier au premier mail de la journée**

  Envoyer un mail vindicatif à 9 h 01 qui contient les mots « urgent », « catastrophe », « retard », « bien à vous », « réunion dans trois minutes précises », ça met d'humeur pour le moins maussade ! Surtout si vous avez oublié d'y intégrer les règles de politesse de base comme « bonjour », « comment ça va par ce beau matin ? » et « à tout de suite »…

- **Défendre un collègue mis à mal**

  Trop, c'est trop ! Vous prenez en public la défense de Duchebrisé, cible de moquerie de votre boss ou de certains collègues douteux. Oui, vous vous indignez et l'open space vous surnomme illico Rosa Luxemburg. Tout le monde a envie d'agir mais au final peu osent car ils flippent. Vous devenez la voix des sans-voix et, pour ça, respect infini !

- **Organiser des pots de départ**

  Bien sûr que vous allez vous charger du gâteau, de l'enveloppe à faire tourner pour le cadeau, des chips, du tarama et de la pièce montée de coupes en plastique. Même si tout le monde aime bien passer à un pot, il y a beaucoup moins de volontaires pour s'occuper des courses au Franprix. Vous devenez l'organisatrice événementielle en chef. Incontournable !

- **Aller voir quelqu'un quand il n'a pas l'air bien**

  Pas pour tenter de glaner une information à diffuser sur radio-moquette, mais tout simplement pour tendre une oreille attentive et tenter de le réconforter si jamais vous le pouvez. Et s'il ne veut pas en parler, ne le forcez pas mais dites-lui que vous êtes là si jamais il en a besoin. Il appréciera.

- **Fusionner les sites**

  Vous allez vous serrez un peu dans l'open space avec l'arrivée du service compta à votre étage. Mais au lieu de leur faire la gueule, vous vous arrangez pour répartir équitablement les caissons de rangement et poussez même un peu les bureaux vers la fenêtre pour faire passer les poubelles de tri. Sans déranger personne ni rien demander à personne. Vous pensez même à concevoir un coin sieste pour la pause déj. Vous devenez archi d'intérieur, responsable du bien-être au travail et gourou des nouveaux arrivants. Et ça, c'est précieux !

- **Donner un coup de main**

  Ce n'est pas votre habitude, mais là, vous avez un peu pitié de Laforte qui croule sous les documents à relire, photocopier, relier pour sa présentation du lendemain. À deux, ça ira deux fois plus vite. Vous venez de gagner une place à part dans son réseau ! Surtout si vous avez l'intelligence de ne pas vous en vanter. On sait, c'est dur…

- **Féliciter**

  Savoir reconnaître et vanter le talent de ses collègues, c'est sain, c'est rare et ça impose le respect de tout le monde, y compris de la hiérarchie.

- **Complimenter**

  C'est simple de dire : « Ouah, j'adore ta jupe », ou « Mais ce liner ça te fait un regard, ouah ! », et ça crée plus d'affinités qu'un « Bonjour, ça va ? On est en retard pour la réu ».

- **Détendre une réunion électrique**

  Ouh là, l'ambiance chargée ! Comme si l'assistance était composée de végétariens à qui on aurait servi du foie gras et des tripoux. Si vous réussissez ce pas de côté qui consiste à désamorcer les conflits grâce à l'humour, vous gagnez le pompon et la queue du pompon. Quelques phrases à tenter : « Sinon il paraît qu'il va y avoir de la pizza à l'huile de truffe à la cantine ! », « Et si on s'inscrivait tous à un cours de boxe thaï ? », « Ah, on toque à la porte, c'est sûrement les masseuses et les gogo danseurs que j'ai réservés ! ». À vous d'improviser et de trouver la formule qui fera diversion.

2 - Les bons réflexes de la parfaite collègue

Tout ce que la parfaite collègue doit penser, faire pour elle ou pour les autres et dire au moins une fois dans la semaine pour être au top. L'élection au CE vous guette…

« Qui veut un café ? Un thé citron ? Un chocolat chaud ? »

« Il fait faim, non ? »

« Non mais franchement, on bosse comme des fous ! »

« Vivement les vacances, tiens ! »

« J'adore ce que tu portes ! »

« Laisse, je vais les chercher à l'imprimante. »

« Hé, j'en ai appris une bonne… mais tu ne répètes pas, hein ! »

« Peut-être que je vais réussir à te débloquer ton ordi, fais voir. »

« Apéro ? »

« T'étais super convaincante à la réunion. »

« Demain, j'apporte un gâteau au chocolat maison. »

« Oui, t'as raison ! »

« J'ai chopé les DVD de *Homeland* saison 4. Ça intéresse quelqu'un ? »

« Attends, j'ai une super adresse d'ostéo pour ton mal de dos. »

« J'ai testé ta recette de patates douces aux baies de goji... CA-NON ! »

« Je te ramène ? Mais non, ça ne me fait pas faire un détour. »

« On fait un vide-dressing dans un mois ? »

« Oui, tiens, tu veux 1 euro plutôt ? »

« Ma mère part à Andorre dans 10 jours, qui veut des clopes ? »

« Moi c'est pareil, je n'ai pas d'idée là... »

« Ce n'est pas grave, je prends les escaliers ! »

3 - Le grand chelem de la chouchoute

Être aimée de vos collègues ET de votre boss ET du petit personnel (celui que personne ne voit), c'est tout un art (cubiste) ! Les Ginettes vous proposent un job-morpion dans lequel on a déjà coché les cases (on sait que vous êtes très occupée, donc on vous mâche un peu le boulot).

O = 1 point X = 0 point

A SITUATION	VOS COLLÈGUES VOUS DONNENT UN POINT	VOTRE BOSS VOUS DONNE UN POINT	LES ASSISTANTES VOUS DONNENT UN POINT
ous passez l'improviste oir votre oss qui vous vite à vous sseoir. Vous estez une eure.	O *« Qu'est-ce qu'il a bien pu lui dire ? Ou balancer sur moi ? Oui, les paranos sont légion au travail et se méfient... »*	X *« Ah c'était sympa de parler jet-ski. C'est si rare les gens qui s'y connaissent. Bon, faut que je rentre, moi. »*	X *« Elle a tout à fait raison de profiter de l'instant présent. Mais que les gens sont jaloux... Tiens, je vais lui dire. »*
ous emandez ne ugmentation arce que ous pensez mériter.	O *« Moi aussi, je la mérite mais comme l'enveloppe est réduite (encore cette année) c'est elle ou moi. »*	O *« Oh non, pas encore une demande d'augmentation injustifiée, vais crever, moi ! »*	O *« Et les salaires plus petits que le vôtre, vous y avez pensé ? Voilà ce qui devrait être prioritaire. »*

Vous en avez sorti une bien bonne à votre P-DG. Tout le monde a bien ri au pot annuel.	**O** *« Mais ce n'est pas possible, cette volonté de se faire remarquer tout le temps. C'est maladif ! »* **ou** **X** *« Mais ce n'est pas possible, ce qu'elle est drôle ! »*	**O** *« Elle va finir par me piquer ma place, celle-là. C'est ça qu'elle veut. Petite maligne, va, j'en ai maté des plus coriaces. »*	**X** *« Ce ne serait pas si mal de l'avo pour chef. Elle a l'air humaine. »*
Vous proposez de payer votre tournée de café à vos collègues de table.	**X** *« Ah oui, pas de refus ! »*	**O** *« Tiens, c'est Ginette et ses collègues devant moi à la machine. Évidemment, comme je suis chef, je suis supposée avoir les moyens de me payer mon café. Pfff. Indélicatesse ! »*	**O** *« Non mais et moi ? C'est parce que j'ai une machine à café qu'on ne m'offre jamais un café ? »*
Vous avez obtenu une place de parking.	**O** *« Ah bon ? Mais Comment elle a fait ? »*	**X** *« Mon influence a encore payé. Mon mail a fait accélérer les choses. »*	**X** *« C'est super pour elle. Mais moi, ça fait longtemps que j'attend aussi. »*

ous tombez nceinte.	X « *Super ! Félicitations !* » **ou** O « *Mais dis donc, j'espère qu'ils vont te remplacer, je ne vais pas me cogner tout ton boulot !* »	X « *Ouf, 3 mois sans elle !* » **ou** O « *Et merde, qui je vais trouver pour la remplacer ? Et est-ce qu'elle va prolonger son congé mat ?* »	X « *Oh, c'est super !* »
otre oss vous lemande de 'accompagner Londres our vous résenter un ros client.	O « *Pourquoi toi ? Je ne comprends pas. Il est à moi ce client.* »	X « *Au moins avec elle, on rigolera un peu.* »	O « *Et ça se plaint de bosser beaucoup et de ne pas gagner assez...* »
ous envoyez ouler devant out le monde ne collègue ue tout e monde ritique par-lerrière.	O « *C'est scandaleux de lui dire ça devant tout le monde, elle aurait pu lui parler dans le couloir.* » **ou** X « *Enfin quelqu'un qui ose la remettre en place celle-là !* »	O « *Oh non, encore des problèmes...* »	X « *Elle a raison de ne pas se laisser faire.* »
ous partez n vacances u Costa Rica.	O « *Mais elle gagne combien au fait ?* »	O « *Mais combien gagne son mec au fait ?* »	O « *Belize, c'est mieux.* »

C'est sûr, il est difficile de faire le consensus. Cependant, il y a toujours quelques règles de base qui, quand on les respecte, forcent aussi à être respectée.

4 - Pourtant on croyait bien faire

Attention aux faux amis : parfois on se gaufre en voulant être bien vue et on descend dans l'estime des autres au lieu de remonter dans le haut du panier.

1. Fêter l'anniversaire du chef et faire passer une enveloppe pour son cadeau… **2.** Ramener des loukoums pour les collègues de votre week-end à Istanbul. Qui aime les loukoums ? Pas vous, sinon vous les auriez gardés pour vous. Pas eux qui n'y ont pas touché. **3.** Être toujours la première au bureau. C'est inhumain autant de ponctualité. **4.** Être toujours la dernière à partir. C'est ahurissant autant de dévouement. **5.** Renvoyer un dossier à une collègue plus compétente sur le sujet que vous. **6.** Et encore plus débordée, merci vous ! **7.** Raconter dans le détail ses vacances à Rio. **8.** Et montrer la villa avec piscine à débordement à la stagiaire et aux neuf collègues payés au Smic. **9.** Séquestrer un chef pour avoir des explications. **10.** Crier puisqu'on vous crie dessus. **11.** Avouer à une collègue que vous visez le poste du dessus. Être surprise que tout le monde vous regarde bizarrement depuis. **12.** Zapper la pause déj pour avancer. Faire culpabiliser ceux qui descendent à la cantine. **13.** Prendre des congés en août si vous êtes célibataire et sans enfants. **14.** Ou prendre trois semaines en juillet. **15.** Prendre ses vacances hors saison en fait ! **16.** Oublier de dire bonjour aux sbires de l'accueil. **17.** Non, le fait que vous soyez en ligne avec New York ou Dunkerque n'est pas une excuse. Vous le paierez le jour où vous oublierez votre badge d'entrée. **18.** Dire que ça ne vous dérange pas de déménager de locaux. Ça dérange tout le monde de déménager de locaux. Ça cause même des crises d'angoisse à certains, tous ces changements. Alors soyez solidaires. **19.** Venir au bureau avec un immense yucca pour exotiser tout ça. Qui va l'arroser pendant vos vacances ? **20.** Être sincère avec vos collègues et les informer que vous n'allez pas rester longtemps dans cette boîte. Ni à ce poste. Vous visez plus haut. Ils seront ravis d'apprendre qu'en creux vous les méprisez. Si, si, un peu quand même ! **21.** Ne pas faire bosser les gens pour rien. **22.** Ne pas proposer son aide à tout-va. **23.** Genre « J'ai finiiii ! », « Ah, pas toi ? » **24.** Enlever parfois son casque de chantier. **25.** À la cantine par exemple, c'est un bon début.

5 - Être aimée quand on est chef

Oui, être chef, ça peut arriver à des personnes très bien. Et plus vite que l'on ne croit : dès que l'on a la charge de stagiaires, on est chef. On en connaît qui croient encore que l'on peut être aimée quand on commande. C'est vrai, ça arrive. Surtout dans les entreprises où on a banni les chefs et où l'on s'en passe très bien ! On ne gouverne pas pour plaire, disait en substance feu le président Mitterrand. Enfin, ça se tente ! Vous pouvez viser des fonctions managériales et ne pas vouloir renoncer à l'amitié des gens que

vous dirigez. En jeu ? Pas vraiment votre personnalité mais plutôt la fonction de chef et ce qu'elle implique : décider, donc trancher, donc risquer de déplaire. Même si tel n'était évidemment pas votre but. Alors les Ginettes, qui ne croient pas à la fatalité, ont décidé de vous donner un petit coup de pouce dans votre louable quête.

★ Ça devrait plaire ça, non ?

Que faire pour vous attirer la sympathie de vos subordonnés ? Il y a des avantages que seul un chef peut accorder et qui sont censés faire très plaisir. Enfin, peut-être…

- **Donner une augmentation**

Aimable ou pas ? Ah oui, très aimable sur le principe.

Un coup d'épée dans l'eau si le papier que vous avez entre les mains stipule une augmentation de 50 euros alors qu'il ou elle en avait demandé 200 et que vous avez même des bouffées de honte à l'idée de devoir le lui annoncer. Comment voulez-vous que l'augmentée ne se sente pas flouée ? Voire humiliée ? En tout cas déconsidérée.

Le conseil des Ginettes : Parfois, mieux vaut ne rien donner que de filer des clopinettes. C'est plus valorisant, pour vous et pour l'autre.

- **Embaucher une personne en CDI**

Aimable ou pas ? Ah oui, c'est très aimable.

Un coup d'épée dans l'eau si cette personne n'avait aucune envie d'officialiser votre collaboration et qu'elle

fait un eczéma géant à l'idée de signer un contrat qui va l'emprisonner jusqu'à la fin de ses jours (selon elle). Votre belle surprise sera jugée plus intrusive ou autoritaire que sympathique.
Le conseil des Ginettes : **Toujours proposer, ne jamais imposer. Même si un CDI vu de votre petit bout de la lorgnette, ça a l'air inespéré… Les gens ont bien le droit de ne pas avoir les mêmes aspirations que les vôtres.**

- **Inviter un collaborateur au restaurant**

Aimable ou pas ? Ah ben oui, c'est aimable.
Un coup d'épée dans l'eau si le déjeuner ne tourne qu'autour des modalités du nouveau contrat d'assurance « Polen » à refiler aux clients ? Manquerait plus qu'ils paient ! Estimez-vous heureuse d'avoir un « merci ». Attention aux notes de frais excessives (de bouche et de taxi…) : les gens peuvent vous en vouloir que vous les invitiez à tour de bras alors qu'on vient de leur sucrer leurs propres notes de frais pour restriction budgétaire.
Le conseil des Ginettes : **Adaptez vos dépenses à votre discours et à la situation économique de la boîte pour ne pas transformer une invitation sympathique en motif de grève.**

- **Payer le champagne au bureau**

Aimable ou pas ? Ah ben oui, c'est aimable.
Un coup d'épée dans l'eau si on considère que l'alcool et l'entreprise, c'est comme l'eau et l'huile, ça ne se mélange pas. Pas très bien en tout cas. On peut vous reprocher de créer une ambiance de débauche alcoolisée dans l'open space (attention au CHSCT et au médecin du travail, alertés par les

free-alcool de votre service). Vous aurez beau leur expliquer que c'est pour que vos collaborateurs puissent décompresser après 12 heures de travail, vous n'obtiendrez pas gain de cause. Et ils auront peut-être raison : on décompresse mieux quand on part du travail après 8 heures de boulot, avant 22 heures et pas bourrée !

Le conseil des Ginettes : **Réservez ce genre de « récompense » à la célébration de grands événements. C'est-à-dire jamais ou presque. Offrez plutôt votre tournée de thé ou café !**

- **Accepter les chats, les chiens, les poissons rouges de vos collaborateurs**

Aimable ou pas ? Ah oui, très aimable.

Un coup d'épée dans l'eau si vous n'aviez pas prévu que Louisette allait être arrêtée deux semaines pour allergie aux poils de chien. Ni que Médorus allait chiquer le bloc de papier A4 de la photocopieuse. Ni que Françoise allait faire signer une pétition pour faire venir les enfants le mercredi après-midi : « Si c'est dog friendly, je ne vois pas pourquoi ce ne serait pas children friendly ! »…

Le conseil des Ginettes : **Laissez les veaux, vaches, cochons, chats et hamsters de l'autre côté des portiques de sécurité pour ne pas avoir une arche de révoltés à gérer.**

- **Faire voiture commune avec un salarié**

Aimable ou pas ? Ah oui, très aimable.

Un coup d'épée dans l'eau si, certes, vous êtes voisins et franchement, c'est pratique et plus écolo,

mais au-delà du fait qu'on n'est jamais vraiment à l'aise avec son ou sa boss (de quoi voulez-vous parler dans la voiture ? De vos soirées picole du samedi soir ? De sa difficulté à trouver un logement à cause de son salaire de misère ?), ce n'est pas forcément lui rendre service. Cette proximité avec vous, c'est louche. Tôt ou tard, elle paiera ses trajets comptants ! Surtout s'il ou elle ne ragote pas sur vous. Et pensez à votre responsabilité en cas d'accident…
Le conseil des Ginettes : **Réservez ces séances de covoiturage à des moments exceptionnels.**

- **Inviter chez vous à dîner**

Aimable ou pas ? Ah oui, très aimable.
Un coup d'épée dans l'eau si vous invitez tout le monde et que ça ressemble à une répétition de votre pot de départ ou que vous triez les invités sur le volet, auquel cas les encartés vont se faire conspuer par les oubliés et vous risquer une scission dans votre équipe. Ah, vous vous en fichez, vous aimez fonctionner en clan avec vous dans le rôle de la reine mère ? Attention à diviser pour mieux régner, on règne sans majesté (et on se fait trucider à un moment ou un autre).
Le conseil des Ginettes : **Scindez vie privée et vie professionnelle pour avoir la paix. Vous inviterez les gens qui comptent pour vous une fois que vous ne compterez plus dans l'organigramme. Et quand ils ne pourront plus ragoter à la cantine sur vos meubles de style Louis XV…**

N'OUBLIEZ PAS !

ON NE DEVIENT PAS CHEF POUR ÊTRE AIMÉE !

Mais on peut avoir des chances de ne pas se faire détester si on est juste, honnête, équilibrée, magnanime, à l'écoute, participative, valorisante, attentive, ferme, exemplaire… et ah oui et que l'on bosse un peu aussi !

6 – Conversation de Ginettes : Chuuuuut !

Tu sais quoi ?

Quoi ?

Rien !

Bon…

Si !

Ah ! Quoi ?

Je m'ennuie…

T'es au travail ?

Oui.

Bon. Mais c'est moi, ton travail !

Je sais.

Alors, bosse !!!

7 - Journal intime de Ginettes

Cher journal,

J'ai rencontré ma copine Claire, tu sais, celle qui est enceinte. Elle était dans tous ses états. Elle avait trouvé une fille super pour la remplacer pendant son congé maternité mais ses boss ont préféré quelqu'un d'autre. Bon, c'est vrai qu'elle avait recommandé sa cousine qui n'avait pas d'autre expérience dans le web-marketing que savoir se servir de Facebook, mais elle avait toute confiance en elle. Ils lui ont préféré une bac + 5, experte en réseaux sociaux... du coup elle flippe de ne pas retrouver son poste à son retour de congé mat. C'est elle qui flippe pour rien ou le monde brutal de l'entreprise qui nous fait flipper à raison ? Va falloir trouver une solution pour apaiser les doutes, sinon les filles finiront par accoucher sur leur bureau avec l'aide d'un gynéco connecté à Skype...

Chapitre 8

Être aimée dans son quartier

Tous les commerçants vous adorent, le boucher vous donne le meilleur morceau, au resto vous avez toujours la meilleure table et le digeo, c'est toujours pour la maison. Même les impôts vous rappellent en s'excusant pour leur retard… Bon peut-être pas les impôts… Mais le facteur, lui, est tout content de vous livrer le courrier que vous attendiez depuis dix jours !

1 - Les 5 règles d'or du street chouchouting

Il y a celles qui se font élire au comité de quartier, celles qui fréquentent les cours de yoga municipaux, celles qui passent du temps au café du métro le matin… mais pour être incontournable dans le quartier, il faut aller chercher un petit supplément d'âme que voici :

1. **Bien connaître son quartier**

   Ce qui signifie avoir un peu de temps pour sillonner les quelques rues qui quadrillent votre appartement ou y consacrer la majeure partie de votre week-end. Si les commerçants ont l'impression que vous avez été parachutée dans le quartier, vous n'allez pas remporter leur adhésion. Une relation, ça se construit dans le temps en labourant le terrain, pas-de-porte par pas-de-porte, en serrant des mains, en distribuant des sourires, en admirant les devantures, en s'intéressant, etc. Oui, vous êtes en campagne électorale, sans avoir rien d'autre à gagner que la hausse de votre popularité et les avantages que cela comporte.

2. **Avoir un petit mot gentil pour chacun**

   Pour être perçue comme une cliente particulière dans le quartier, il faut commencer par engager la conversation. Pourquoi pas par des compliments ? Commencez par l'évident, le basique, le facile : « Vos croissants sont fantastiques. Vous les faites maison ? Ça se perd dans le métier, non ? », ou « Vous êtes ouvert depuis longtemps ? Vous étiez où avant ? », ou encore « Votre boutique de déco, c'est tout ce qu'il manquait ici ! Vous n'auriez pas une idée pour faire un couloir joli et avec des rangements ? » Les Ginettes espèrent que les réponses vous intéresseront, car sinon, vous risquez de vous lasser très vite : « Ah là là, pardon, il faut que je file, on continue la conversation un jour ou l'autre, hein ! » Dans votre quête de popularité, savoir badiner est essentiel ! Et être pressée, c'est faire chou blanc !

3. **Savoir se placer**
Comment espérez-vous au juste engager la conversation avec le barman ou le patron de ce bistrot à cuisine ouverte, si vous êtes assise au fond de la salle, à côté de la porte des toilettes et que vous avez le nez dans votre smartphone simulant la suractivité ? Ah ça, on va vous ficher la paix, trop peur de vous déranger ! La meilleure place au café, c'est sur un tabouret au comptoir ! Jamais dans la salle. Bon, c'est vrai qu'en fonction des heures vous allez devoir faire ami-ami avec les piliers d'à côté, mais eux aussi font partie du quartier, non ? Levez le nez, levez-vous, levez le coude et élevez votre cote simultanément. Et puis, vous n'allez pas y venir toute seule tout le temps, non ?

4. **Savoir observer**
Ce qui signifie qu'il faut prendre le temps de regarder ce qui se passe. Le boucher n'a pas l'air dans son assiette en ce moment ? La boulangère a pris des seins, elle ne serait pas enceinte ? Il y a une nouvelle serveuse au bar des Amis, c'est qui ? Le Royal China a réduit sa carte à une page, marre de

congeler et réchauffer 350 plats ? Une boutique Bière et Vinyle vient d'ouvrir ses portes rue Gambetta, des anciens intermittents ? Bon, voilà, ne passez pas en coup de vent, posez-vous, posez des questions et sachez regarder là où les autres ne font que jeter un coup d'œil vite fait sur les choses. Oui, c'est vrai, c'est un sacré investissement ! Mais vous croyez quoi ? Être l'élue, c'est un sacerdoce !

5. **Mettre en relation**

   À force de parcourir le quartier, vous étoffez votre carnet d'adresses, les anecdotes, les besoins et les envies des uns et des autres. Vous savez, par exemple, que votre voisine du dessus recherche un job de nounou et que la proprio de la boutique de déco recherche justement une garde d'enfant, que la coiffeuse recherche un miroir et que le resto va changer sa déco prochainement… Pouvoir rendre des miniservices au niveau local vous confère la place inestimable d'aiguilleur de quartier. Rien que ça !

2 - Ce que vous allez gagner à être la préférée de votre rue

Plein d'avantages en nature (et ces listes ne sont pas exhaustives) !

★ Avec les commerçants :

- ✔ Des morceaux de choix
- ✔ La meilleure place

- ✔ La vérité sur la qualité des produits (ce qui est bon et très très bon)
- ✔ Un coup de fil perso à chaque arrivage
- ✔ Des infos sur le quartier
- ✔ Le droit de coller des affichettes sur leur devanture à la meilleure place
- ✔ Des relais sûrs
- ✔ La possibilité d'avoir oublié votre porte-monnaie sans que ça fasse un drame
- ✔ Un réseau local...

★ Avec les voisins :

- ✔ La paix
- ✔ Des apéros
- ✔ La possibilité d'organiser une fête sans que la police la stoppe à minuit
- ✔ Du sel et du sucre en cas de panne
- ✔ Un endroit chaud où votre enfant peut rester en cas d'oubli de clé
- ✔ Un réseau local
- ✔ Un vote positif pour votre achat des combles
- ✔ Des amis...

★ Avec les fonctionnaires :

- ✔ Un numéro direct
- ✔ Un report
- ✔ Une compréhension de votre situation
- ✔ Un recommandé déposé devant votre porte
- ✔ Que votre demande soit (plus rapidement) traitée...

3 - Les pièges à éviter

Il ne faudrait pas vous croire tout permis non plus. Le problème avec le réseau local, c'est que si vous dérapez, la nouvelle va se répandre de commerçant en commerçant à la vitesse de la lave d'un volcan en éruption. Ah, vous vouliez sortir de l'anonymat, maintenant, à vous d'être digne de votre popularité ! On n'a rien sans rien, comme dit la tante Josette d'une des Ginettes, qui n'a pas lu tout Schopenhauer (ni Marc Levy) mais a souvent raison.

1. Penser que, puisqu'on vous aime, vous avez bien le droit d'avoir un petit avantage. **2.** Se tromper d'avantage. **3.** Et croire que le café au comptoir du matin est offert. **4.** Grave erreur. **5.** Devenir la commère du quartier. **6.** Et être cataloguée puis boycottée. **7.** Tirer à mort sur la corde. **8.** Organiser tous les week-ends des fiestas avec DJ. Sous prétexte que vous avez vos voisins dans la poche. **9.** Et que vous prenez la peine de poser des affichettes. **10.** Mettre votre appart sur Airbnb. **11.** Et laisser la clé aux voisins. Parce que vous, vous avez des rendez-vous. **12.** Vous croire plus influente que vous n'êtes. **13.** Et promettre l'obtention d'une poubelle de tri à une nouvelle voisine. **14.** Lui expliquer qu'en fait il lui faudra attendre un an. Oui, comme tout le monde. **15.** Abuser du « Si je peux me permettre ». **16.** Et donner des conseils bidon et déplacés. **17.** Un resto de viande de l'Aubrac ne deviendra jamais un resto végétarien. Tout simplement parce que le proprio aime cuisiner la viande. **18.** Recouvrir la vitrine de la boulangerie d'affichettes. **19.** Croire que vous pouvez toujours vous pointer 2 minutes avant la fermeture. **20.** Et squatter alors qu'ils voudraient juste rentrer chez eux. **21.** Promettre que vous allez traduire la carte du restaurant en espagnol. **22.** Oublier jusqu'au moment d'y retourner. **23.** Ne plus oser y mettre les pieds. **24.** Faire garder votre enfant par la factrice « 2 minutes, le temps d'un aller-retour à la boulangerie ». **25.** Commander au volailler deux énooormes dindes pour samedi. **26.** Et avoir la flemme d'aller les chercher. **27.** Quémander au barman un petit avantage : « Alors, aujourd'hui mon fils n'a pas droit à une sucette ? » **28.** Non, un avantage n'est pas un droit. **29.** Glisser en préambule au conseiller des impôts que vous connaissez bien sa belle-sœur. **30.** Vous êtes copines de yoga au cours municipal.

4 - Conversation de Ginettes : Kut-Kut

Dis donc, je ne savais pas que c'était la tendance béret ?!

Moi non plus.

Ah ben alors, explique-moi pourquoi je t'ai croisée coiffée en années 1940 hier ?

Parce que j'ai fait des mèches.

Ah mince ! Elles sont ratées ?

Pas du tout, hyper réussies !

Euh... tu m'expliques ?

Je ne voudrais pas que Marylin de CuteHair,
ma coiffeuse de quartier, me voie.
Je ne suis pas allée chez elle cette fois-ci.
J'ai honte mais ce n'était plus
possible de continuer,
même avec 20 % de réduc...

Mais tu sais que tu vas faire une heureuse !

Je sais ! Ma nouvelle coiffeuse !

Ben non... Marylin, ta coiffeuse de quartier.

Hein ?! Pourquoi ?

Parce qu'elle disait que tes cheveux
étaient poreux et que du coup la couleur
tenait pas, et qu'elle ne voulait
plus de toi comme cliente
parce que ça lui faisait
de la contre-publicité.

QUOI ? MES CHEVEUX ? POREUX ?

Apparemment, oui ! Tout
n'est pas toujours
de la faute des coiffeurs,
tu sais ! T'as la matière aussi...

5 - Journal intime de Ginettes

Cher journal,

Si je sors de chez moi pas maquillée et en jogging, les gens me demandent si je ne suis pas malade, si ça va, si j'ai appris une mauvaise nouvelle... J'en ai marre. C'est vraiment dur d'être la Angelina Jolie du quartier des Epinettes !

Chapitre 9

Alors, aimée ?

Quelle femme, quel homme, quel ado, enfant, chien, coléoptère (non peut-être pas les coléoptères) ne rêve pas d'être choyé, cajolé, incontournable, indépassable, admiré... Quelqu'un de reconnu comme bien en fait ! Alors, ça fait quoi maintenant que tout le monde vient se réchauffer à votre contact ? Pourquoi faites-vous ainsi l'unanimité ? Avez-vous opté pour le naturel ? La gaieté ? La spontanéité joyeuse ? L'empathie émouvante ? La sincérité fédératrice ? Le charme simple ? Tout ça à la fois ? C'est de cela qu'il s'agissait dans ce livre : partir à la recherche de la fille irrésistible cachée en vous et qui ne demandait qu'à surgir. Pas pour combler un inconditionnel besoin d'être au centre de tout : « PITIÉ, AIIIIMEZ-MOIIII !!! », mais pour renouer avec une jolie façon d'aborder la vie plus en légèreté, plus en confiance, moins en calcul, contrôle et anxiété. Un appétit d'exister sans triche qui, vous le constatez déjà, attire comme un aimant et vous fait soulever des gros cailloux pour obtenir ce que vous voulez et méritez : le meilleur !

1 - Bravo, vous êtes reçue à l'Académie des Filles Aimées Sans Efforts (les FASE)

Hé ! Grâce aux Ginettes, et grâce à votre patience, vous qui nous avez lues jusqu'à ces dernières pages, vous êtes une fille qui s'aime, aimable et donc aimée par le plus grand nombre… Bravo ! Vous allez vous la péter aimable ! Et voici…

… votre diplôme !

L'Académie des Ginettes est heureuse de décerner le diplôme de

MAÎTRE EN GINETTOLOGIE

option FASE

À Madame ………………………………………………

À découper et présenter à tous ceux qui vous trouveraient revêche.

2 - Remerciements

MERCI !!!!

À Google déjà parce que les Google docs, c'est quand même bien pratique quand on écrit à deux. Passez nos salutations aux gens qui ont inventé ça.

À nos amies, toutes des filles épanouies bien sûr (oui, même toi, Odette), sources d'inspiration totalement inépuisables et tellement vaillantes.

À nos mecs (encore pardon pour tout ce que l'on vous fait endurer…).

À nos mecs encore qui nous laissent ricaner tranquillement sans poser de questions et assurent tous les jours sans même la ramener.

Aux terrasses de café avec Wi-Fi.

À Anna. Que seraient devenues les Ginettes sans toi, très chère ?

Au stylo bleu de Dorothée, notre éditrice, qui a bossé comme un chien sur cet ouvrage.

À la formidable team J'ai lu, marraine de nos beaux baby books.

À nos échecs, ils nous sont précieux !

À nos victoires, elles sont d'autant plus savoureuses !

À l'humour ! Comment vivre sans ?

À ma Ginette, appelée aussi affectueusement Salopette, que vous ne connaissez pas mais qui est quelqu'un de précieux et de rare. De joli aussi, oui, Ginette, j'y viens.

À toutes les Ginettes de France et de Navarre.

Au plaisir ! À la liberté ! À l'amour !

À la vie !

3 - Conversation de Ginettes : Love, etc.

C'est beau l'amour, non, Ginette ?

Ben qu'est-ce que t'as ?
T'as bu du rosé ?

Non, mais être aimée,
c'est magnifique quand on y pense...

Oui et aimer,
c'est ce qu'il y a de plus beau.

Tu te fous de moi ?

Aimer, c'est monter si haut...

Hein ?!

Et toucher les ailes des oiseaux,
aimer...

Bon, OK, t'as gagné, je raccroche !
T'as un rencard, c'est ça ?